译 作 卷（二）

朱湘全集

朱湘 著

方铭 主编

时代出版传媒股份有限公司
安徽文艺出版社

图书在版编目(CIP)数据

朱湘全集.译作卷.一/朱湘著;方铭主编.—合肥:安徽文艺出版社,2017.1

ISBN 978-7-5396-5750-9

Ⅰ.①朱… Ⅱ.①朱…②方… Ⅲ.①朱湘(1904~1933)-全集②民歌-作品集-罗马尼亚③短篇小说-小说集-英国-近代 Ⅳ.①C52②I542.72③I561.44

中国版本图书馆 CIP 数据核字(2016)第 107987 号

出 版 人:朱寒冬
出版策划:朱寒冬　　　　　　　　出版统筹:王婧婧
责任编辑:张　磊　宋潇婧　　　　装帧设计:张诚鑫

出版发行:时代出版传媒股份有限公司　www.press-mart.com
　　　　　安徽文艺出版社　www.awpub.com
地　　址:合肥市翡翠路 1118 号　邮政编码:230071
营 销 部:(0551)63533889
印　　制:安徽新华印刷股份有限公司　(0551)65859551

开本:700×1000　1/16　印张:15　字数:180 千字
版次:2017 年 1 月第 1 版　2017 年 1 月第 1 次印刷
定价:52.00 元(精装)

(如发现印装质量问题,影响阅读,请与出版社联系调换)

版权所有,侵权必究

出版说明

朱湘(1904—1933),字子沅,安徽太湖人。他被誉为"新文学成长期的大诗人","代表了中国十年来诗歌的一个方向"。与他齐名的中国现代作家,如郭沫若、闻一多、徐志摩都有全集出版。在朱湘研究会召开的朱湘学术研讨会上,希望出版《朱湘全集》的呼声很高,广大读者也有热烈的期待,应此需求,本社决定出版《朱湘全集》。

《朱湘全集》汇编了朱湘的全部著作。分卷出版说明如下:

第一卷诗歌卷,收入朱湘1925年出版的第一本诗集《夏天》(商务印书馆出版),以及其后的《草莽集》(1927年,开明书店出版)、《石门集》(1934年,商务印书馆出版)、《永言集》(1936年,时代书店出版)。前三本诗集都由作者生前编定,只有《永言集》是作者逝世后,由朱湘的好友赵景深编辑,算是朱湘的遗著。

第二卷散文卷,收编朱湘的《中书集》(1934年,北新书局出版)、《文学闲谈》(1934年,北新书局出版)和朱湘散逸的散文评论作品。

第三卷书信卷,收编朱湘的《海外寄霓君》(1934年,北新书局出版),《朱湘书信集》(1936年,天津人生与文学社出版),以及陈子善编的《孤高的真情　朱湘书信集》(2007年,上海人民出版社出版)中的《集外》,另新收朱湘逸信1封,这样将朱湘书信比较完备地收录,为此,特向陈子善教授表示谢意。

第四卷译作卷(一),编入朱湘翻译的《路曼尼亚民歌一斑》(1924年,北新书局出版),《英国近代小说集》(1929年,北新书局出版)。

第五卷译作卷(二),编入朱湘生前翻译与零散发表的译诗,后来汇编成《番石榴集》(1936年,商务印书馆出版)。

这次出版,为尊重原作者,力求保持朱湘作品的本来面貌,沿用了那个时代的习惯用语与用字,只对个别漏字或误排之处做了校正。

为方便读者分册阅读,每卷附《朱湘传略及其作品》,裨使读者全面理解朱湘的文学贡献特别是诗歌创作的杰出成就。

朱湘逝世过早,但著译丰硕,全集疏漏讹误之处在所难免,希望读者多多批评指正。

安徽文艺出版社

目　　录

路曼尼亚民歌一斑

序 / 003

采集人小传 / 005

无儿 / 007

母亲悼子歌 / 011

花孩儿 / 016

孤女 / 021

咒语 / 024

干姊妹相和歌 / 028

纺纱歌／033

月亮／037

吉卜西的歌／041

军人的歌／043

疯／048

独居／052

被诅咒的歌／056

未亡人／059

重译人跋／062

英国近代短篇小说集

序／069

卫推克君的退股　怀特／071

哑的神判　加涅忒／086

马克汉　史提文生／097

一个穷的绅士　吉辛／121

猴爪　雅考布斯／141

楼梯上　莫里生／158

圣诞节的礼物　阑白恩女士／164

大班　摩亨／172

孙衡的磨炼　布拉玛／183

稳当　艾尔文／200

附录

朱湘传略及其作品　孙玉石／210

LU MAN NI YA MIN GE YI BAN

路曼尼亚民歌一斑

序

后面的十几首路曼尼亚(România)国的民歌是从哀阑拿·伐佳列司珂(Elena Vâcârescu)女士的《丹波危查的歌者》里选出的。伊费了几年心血,在丹波危查(Dâmbovita)县里,从农人口中,采集民歌,结果成了这部书。这些民歌"所靠的不是人为的格律,却是天然的音节"。

以唱它们为职业的人叫作"科卜沙"(Cobzar);他沿门挨户的唱这些歌,并弹着"科卜色"(Cobza)相和。不过一班农人唱它们的时候,并不用什么乐器。

它们首尾的附歌不知是从哪里起源的。这些附歌与本歌有时一

点关系没有,有时却有极美的关系。更有些时候,本歌没有什么好处,附歌却极有文学的价值,例如:

一首附歌里说下雪前:

"天低了,大鸦飞着。"

又一首里说:

"伊的面纱轻而柔,有如夏日的白云。"

有一首附歌是:

"闪耀的月亮浮过柳的上面;

一夜里柳树只是朦胧的梦着月亮的温柔的清光。"

采集人小传

哀阑拿·伐佳列司珂女士于一八六六年生在本国都城布克列虚忒(Bucuresti)地方。伊这家的人，自从十八世纪中叶起，历代都在路国文坛上有极大的影响与极高的名望。在这坛上，他们里一人贡献了路国文字的第一部文法，一人贡献了许多作诗的格律，到了伊，伊的贡献就是这部《丹波危查的歌者》。

伊年轻时，到巴里去求学；过了一时，伊又回来伊的产地读书。伊作过一时本国伊立沙白皇后——即《丹波危查的歌者》的英译人，诗、文、小说各种著作很多——的近侍。一八九二年伊再去巴里，就在那里住下了；此后伊很少离开那个地方。

伊是诗人与小说家，作文时兼用路文与法文。伊作《宁静的魂灵》，得了很难得的"鱼勒·法勿俄（Jules Favre）奖"；这部《丹波危查的歌者》与一部名《晨歌》的诗集也都得了法国学院的奖赏。此外，伊还有著作多种。

《丹波危查的歌者》大概是在一八八七年到一八九〇年的时间里成书的：伊成这书不能在一八八七年前，因为我们可以假定一个文家能够著书的年纪是在二十岁左右，而英译人原序里又明说过伊采集这些民歌费了几年的光阴；伊成这书也不能在一八九〇年后，因为这书的英译本是在一八九一年初次出版的。

伊这时正充内廷中的近侍，而丹波危查县恰好邻近国都。由此看来，这些民歌一定是在上述的时间内采集的了。

无　　儿

我的牛拖出的犁沟是再直没有的了；

我带子上挂着的刀子

多的围满了一腰。

雨吩咐鸟儿道,你们回巢去罢。

我做了一梦,梦见我生了你,

生了这好难生给我的你。

做这梦时正是中午,我的两眼睁着,

默看着满是种子的犁沟。

犁沟里已有些嫩芽冒出了，

他们说："我们，我们是已经出了世！"

那时我真羡慕我的田，因他倒已做了父亲了。

我仿佛觉着，我现在是一个勇军人的父亲，

他正动身要到战场上去，

临别时我恸哭，但他为国尽力，我也觉着光荣。

我又仿佛觉着，我是一个牧人的父亲，

他正赶着牛羊上山岭去，

我看见山岭和悦地向着我的牧人，

我的牧人心中也是和悦的，

于是我跟着，也很快活了。

我又仿佛觉着，我是一个父亲的父亲，

我看见他的孩子们在他的门槛上向他问安，

那问安时的一团和气充满了我的心坎，

而洋溢了他的全所房屋，

于是他的快乐，日头似的，将光明射到我的脸上了。

但那真的日头却已在犁沟边沉下，

我现在自己看看，仿佛是悲戚的父亲，

孤独的父亲了。

这两个儿子我带回了家，

我向我的妻子说：

"妻啊，我们有的只是孤独与悲戚！"

伊一声不响，因伊不知怎样回答是好；

我们的心也一声不响，因它们都是空的。

这时　我觉着是孤独、痛苦、悲戚三个的父亲，

我觉着是坟墓的儿子，

我觉着是那边一声不响的妇人的丈夫；

伊的胎，如同我们的心，将永久是空空的。

那时　我们两人想着都把这事忘了罢，

一同将眼睛转向了犁沟，

转向了满是种子的犁沟，

——犁沟里已有些嫩芽冒出了，

他们说："我们，我们是已经出了世！"

我们彼此并没问过："你现在看着什么？"

我们只一同，一同看着田里发芽的种子。

我的牛拖出的犁沟是再直没有的了；

我带子上挂着的刀子

多的围满了一腰。

雨吩咐鸟儿道,你们回巢去罢。

母亲悼子歌

我在原野上看见一朵小花,
——他生在新刈的草地里;
金色的玉米没他那么鲜明,
但见了他,小鸟们都呜咽起来了。
你这原野上的小花,
你怎么会生在新刈的草地里面的?

扔下你的外衣,

扔在这里路边；

扔下你的镰刀，

扔在路的那边：

快点回家！回家，

——不要在桥上停了，

不要在井边停了，

也不要在十字路口停了。

我就回了家。

我看见房门虚掩着，

房门说："并不是风刮开的！"

我看见屋子阴沉沉的，

屋子说："并不是夜来了！"

这时我就想起了那草地上的小花儿。

我看见你睡着——

我的心里于是恍然大悟：

那小花就是你的魂灵，

是他　叫我到你的尸身边来，

是他　叫我不要在桥上停下，

不要在井边停下,

不要在十字路口停下的。

如果我当初知道了

那小花是你的魂灵,

那时我真情愿在他旁边再多耽搁一刻呢;

但你的魂灵却愿快快地枯萎了,

于是把我调开,

使我不致眼巴巴没法地看着你的魂灵飞去。

我来了这里了,——你要我怎样?

哎!更没什么可以要了。

你现在的智慧是个什么程度?

当然比我们的深多了。

你这样舍弃了我们,是去哪处?

是我们里哪个从前曾经舍弃过你,

以至你现在这样舍弃我们的?

你从前不是与我们同喝过水,

为什么现在却又不肯与我们同死?

还有那些你托付给大地的种子,

他们回来时，你却不见了，

那时我们将拿什么对他们说呢？

看哪，你的窗下有少女们走过，

河水也流过这里，

明天就过节了，

这话你可曾向你的坟墓说过？

说不定，你说了这话的时候，

伊竟会让你再多过这一日呢。

你可又告诉过你的坟墓，说你有母亲？

伊也是个母亲，伊是花儿，谷子的母亲，

伊如果听到这话，伊一定会可怜我们的。

呀，说不定，你向大地说过

我们眼泪很多的话了；

大地因着干燥，没滋润的东西，

于是将你夺去了，好得到我们的眼泪。

哎，可惜你没告诉他，

说我们的眼泪是酸的，

他那时听到这话，或者怕尝酸泪，

竟会不至于把你夺去呢。

看哪,我来了这里了,

——但你连头也不抬。

我已经向你整整哭过一点钟了,

我还要向你哭过许多迟滞的钟点呢。

看哪,我来了这里了,来了这里了!

但是这样一点用处没有,

虽然我来了你的身边,

没在桥上停过,井边停过,十字路口停过。

我在原野上看见一朵小花,

——他生在新刈的草地里,

金色的玉米没他那么鲜明,

但见了他,小鸟们都呜咽起来了。

你这原野上的小花,

你怎么会生在新刈的草地里面的?

花孩儿[①]

今天是礼拜日了,出去跳舞啊!

我一刻赶过了少年们。他们正在唱着。

树林说:"听哪,他们唱得多好!"

伊昨天不曾来过这里,

伊明天也一定不会来,

---

① 花孩儿,就是私生子。

伊，能使我脱离这孤零生活的。

说不定，我每天遇到过伊，

但伊却转过头去了，

掩盖起伊的眼泪，

因我一见伊流泪，我就会叫出：

"咦，这就是伊！"

伊将头转了过去，

庶乎不会看见我的悲戚；

因伊一看见了我的悲戚，

伊也就要忍不住叫出：

"你是我的孩子！"

说不定，伊曾经看见过我站在他的旁边

但却不敢说出："那是你的父亲！"

怕我恨他，因他也恨伊了。

其实两人我都爱，与花爱根儿一样。

我并不诅咒他们，——我梦中向他们说：

"那时被祝福了，你们相爱的那时。"

我将永久不向他们说出我的悲戚。

如果他们问我关于他们的事时，

我将回答:"不过我是快活啊!

我从来没去过坟墓的旁边:

他们没有什么可以引诱得我的。"

我回答他们时,只将说出这几句话,

至于我的悲戚我却将深藏在我的心坎里,

正如雨水藏在石凹的里面,

临死的人藏起他最后的磨难与苦痛似的。

看见我的人从来没有说过:

"他的心好不充满了幸福呀!"——他们只说,

它,我的心,是空的,空空的。

我爱那些有母亲的快乐孩子们,

因为我听到他们叫:"我的母亲!"

——我留神听入耳里,庶乎我也可以学着这样

呼唤;

每到了无人的时候,我就低声的叫出。

但我呼唤的时候,我的口音

好像与他们,有母亲的孩子们的不同,

他们,早间有母亲为他们祈祷,

整日里有母亲给他们织极美的汗衫，

临睡时有母亲给他们哼催睡的歌儿。

母亲啊！——说不定我走过条条小路的时候，

与天天我看见妇人们在河边洗麻的时候，

我都已许多次看见过你的，——

如果你已去世了，我将怎样爱你的坟墓，

并用花朵把它的上面铺满，

不明说出我们的关系只说：

"我是地母的儿子，我爱这个坟墓，

就因掩覆起伊的是地母；

至于睡在这里的是个什样的人，那我可不清楚。"

母亲啊，这是不会的：你绝不会已经去世。

就说你已去世了，你在临终的时候

也一定会把我找去，叫我爱你坟墓的。

你绝不会肯没有带着你孩子的热爱就走去了，

到那冷冰冰的空坟里去受罪！

那是不会的，母亲，你一定还在世上，

那么一晚我睡着了的时候，

你就来看看我的睡眠罢；

这样庶乎到了早晨,我可以说:

"至少,伊总见过我的睡眠了。"

今天是礼拜日了,出去跳舞啊!

我一刻赶过了少年们。他们正在唱着。

树林说:"听哪,他们唱的多好!"

孤　　女

黄昏时月光是看不见的，

但夜一来了，伊就照亮整个天空。

河们，伊们是姊妹们，

因为伊们是从一座山上流下的。

不要在夜间走过村中：

那时狗不闭眼，——并且说不定，你会遇鬼的。

但我已嘱咐了我的母亲的魂灵，

叫伊在井边等候着我。

我将伸头进井去看伊，

但我却又不敢十分的细看；

伊却要久久的看着我，

看我的脸，我的腰带，我的汗衣。

这样明日里我的腰带上

就要有更多的珠子，我的汗衣上

就要有更多的金星了。

伊并将看我们的房子，这样明日里

日光就要在房边留恋了。

伊并将看我的心，这样

我的心就要安稳了。

我并将问伊："坟墓里怎样？"

那时我就要看见井里伊的影子

将手指放在嘴唇上。

我并将问伊："你想我吗？"

那时我就要看见井里伊的影子

揩着雨边的眼睛。

我并将看见伊的腰带上插着那些花朵，

正是，那些我撒在伊的坟上的花朵都要插在那里

伊将一声不响，但我却要觉着伊的注视。

伊并将向我做手势，使我给伊水喝；

那时我用了伊的名义

就要把喝的水洒遍了一村。

我将怎样伤心啊！因为井太深了，

我不能够到与伊的影子接吻。

伊去了以后，我仍将寻伊，

那时我就要听到

石头又落在伊的坟上，仿佛打着我的心了。

因为我嘱咐了我的母亲的魂灵，

叫伊在井边等候着我。

黄昏时月光是看不见的，

但夜一来了，伊就照亮整个天空。

河们，伊们是姊妹们，

因为伊们是从一座山流下的。

咒　　语[①]

你这小的榛树枝，

你这生近河水，近得他要吻你的，

你这因生得太近河水从来没有见过日头的，

我在日头大意时把你折了下来，

我带你来这里时，把你放在左边胸膛上，

我并且把你拿在手掌里。

[①] 念咒语时，女巫站在伊家里炉火的旁边；伊一面念着咒语，一面拿着榛树枝在炉中已冷的灰上使劲摇。

轻轻的落在灰上,——不要惊动了他们:

灰是很喜欢睡的;

紧挨着他们藏起,——那时你就可以去了,

你这小的榛树枝;

如果你愿意去我叫你去的地方,

我爱的居住的地方,

那时生你的树上到了春天

就要开出最令人爱的花来了。

他正睡着。现在你就问他可做着梦,

他如做梦时,你就叫他梦我。

小的榛树枝啊,

你要变成他心中的悲戚;

你并要告诉他,他心中的悲戚

梦着的只是我;

你要使他起一个不安的欲望。

我心爱的现在哪里?——说吧,他几时能来?

我已经吩咐了睡眠不要亲近他，

吩咐了他喝的水一滴滴的将我的影子

呈现在他的眼前，

吩咐了他芳香的面包使他想起

我与他接吻时的双唇。

他的床要把我唱的歌低吟给他听；

我白色的面纱要把他围起

如同光线围起人们的样子；

我的脚步声要在他耳里不断的响着，

他并要自己以为看见

我一直向他走近，走近，

但总是走不到他的身边。

他并要在他的房子向他说"来这里歇下罢"的时候，

回答他的房子："在你的里面是歇不下的。"

他又要向门槛的石头说：

"你这令人闷气的石头！"

向高兴的鸟儿说："你们好不丧气！"

向悲戚的坟墓说："你好不令人欢喜！"

译作卷（一）／路曼尼亚民歌一斑

在没与我接吻以前的时候

他吃面包总要吃不出一点滋味。

这事是你要做的,你这小的榛树枝,

你这生近河水,近得他要吻你的,

你这因㘗得太近河水从来没有见过日头的。

干姊妹①相和歌

两条路边都生着果树林子；

一个林子上的叶子还是绿的，

一个上的已经落了，——

看哪，我们要走有绿树林的那条路。

---

① Surata 是 Sora（姊妹）的变形字，意义略同我国干姊妹的。路国干姊妹结拜时，得在礼拜堂里行结拜礼；行礼时，两人的脚系在一处，象征伊们间此后的关系。伊们结拜后，就同真姊妹一样：两人不能同嫁兄弟，这个也不能嫁给那个的兄弟。

干妹妹的歌

姊姊,说呀!为什么你不早就告诉了我呢?

我们同纺了三竿的羊毛,但是,你的手,

我没看见他颤过。

我一提到了他,

你就低下头去,就着木桶喝水;

那时我还以为你是渴得厉害呢。

姊姊啊!你那样钳住口不响,是从坟墓学来的么?

你可曾想到,坟墓若能开口时,

他们将十分快活么?

我一向你说到他,

你就弄着我腰带上飘展的穗子,

那时我还以为你的手指是闲着没事做呢。

你从来没问过我,他的家里怎样,

只要你这样一问,我当时就会明白,

明白你也爱他,

那时我就会用全身的力量去止住爱他了。

但现在我们都爱他了,我们两个;

现在我们的这两个爱情好像河水

因为流个不住哭泣,

不过却不能止住不流了。

我现在恨你,你所作的事都使我生恨;

我的思想被你纺锤叽呱的声音扰乱了,

我听到你唱歌,还以为你唱的是挽歌呢。

他走近我们时,我们彼此一瞟,

看哪个最是想他;

他所亲近的一个唇上满是微笑,

但那个的眼下却是两把尖刀。

他离开我们时,我们彼此一瞟,

看哪个最是悲戚。

干姊姊的歌

妹妹啊,妹妹!你玻璃的耳环好白;

你跳舞时,他们紧贴着你的脸,

那时连我都想与你一同跳舞呢。

现在我却想你死,——但你真死了

我可也不情愿,怕那时他会为你哭泣,

那么我就要知道,他只爱你一人;

如果真是这样,我宁可不知道,——

树毫不知道斧子要来砍他的这回事,

却自立在日光里欢喜。

我问,为什么你戴上这么多的项圈,

你连一声也不回答我。

我仿佛看见你一天美似一天,

我就动疑,怕你真是他爱的;

因你心里快活,你外面就这样美丽起来了。

你纺锤上的羊毛仿佛更白。

我看见你站在井边的时候,

就问:"伊为什么站在这里?"

怕你是等候着他呢。

你睡觉时我也没安稳过,

因你梦里一定梦着他,

他那时或者说他爱你,

我的影子却不能在旁说:"你撒谎了。"

妹妹啊,妹妹！是那时你忤逆了母亲,

还是那时我忘记了给过路人水喝,

以至现在上帝这样责罚我们呢？

我宁可没有圣烛在旁的死了,

或是明天看见我的房子墙壁上的花儿被抹去了①

也不愿受这罪,这你来分受时反变重了的罪。

决不！我真要祝福那妇人,

那来我门槛上唱挽歌,咒我一个月里死去的。

但我也不愿死去,因他不会悲哀；

那时我就一定会知道,他是爱你了。

两条路边都生着果树林子；

一个林子上的叶子还是绿的,

一个上的已经落了,——

看哪,我们要走有绿树林的那条路。

---

① 路国风俗:有闺女的人家墙上画着花朵；女行不贞时,同村的少年就来把花朵抹去。

纺纱歌[①]

哟,不要离开我吧,我一人孤寂得很。

妈呀,我头发白了的时候,

我将用面纱在头上扎得紧紧的,

[①] 唱《纺纱歌》时,一大群姑娘围成一个圈子,各纺着纱;圈子中间也有一个姑娘,是伊们里最会纺纱与唱歌的。这个姑娘起首自造一歌,唱出;唱时,任把伊的纱锤扔给一人,伊自己却拿住系起了这纺锤的线头。那接到了纺锤的人,一面就得纺圈中人为伊抽出的麻(这样纺纱是件很不容易的事),一面还得顺着圈中人的歌儿的意思,接着把它造出,唱下去。

庶乎人家不会看出，我的头发白得这样了；

那时我能知道的事真要多的很哦，

我能知道，比方说吧，你为什么啼哭。

他，我爱的，他那时也要老了，

他也要戴起皮帽，

庶乎人家不会看出，他的头发白得那样了；

到那时我就可以说出，我爱他了，

我要时时向他说这句话，

说的他会重新年轻起来了。

我并要向他说："你可还记得

那天我在井边不肯向你笑的时候？

我不笑，正是因为我爱你。"

妈，要是我能早点年老，

这话我就可以早点告诉他了！

哟，不要离开我吧，我一人孤寂得很。

那时小姑娘们就要求我

把我的一生说给伊们听,我就要告诉伊们

我的一生与我一生里许多快意的事情,——

我的小女孩子,冬天来了的时候

树再也不会想到他所结的果子,

你,你那时也要忘记你所有的微笑的。

妈啊,亲妈,你不要说这话!

我当微笑时想到以后悲戚笑不出来的时候,

我这时的欢乐岂不要更加一倍?

——孩子,年年春天里鸟儿歌唱,

但今年的鸟儿已经不是去年的。

年年田里谷子成熟,

但每回下的都是新种子。

正同他们一样,人的心声只能歌唱一次,

人的心田的谷子也只能成熟一回。

妈啊,亲妈,你不要说这话!

我老了的时候,

我将向谷子与鸟儿微笑,

并向他们说:"我也曾开花,歌唱过的。"

哟,不要离开我吧,我一人孤寂得很。

月　　亮

一株绿的,绿的树立在我的院子里,

日光恋伊,

微风摇伊;

但雪落时树忘却春日曾来过这里的。

月光,伊怕日光得很,

因为日光的心里十分清楚

为什么月光会是这样灰白的。

月亮不愿日头说出伊的秘密,

于是日出时伊就隐起,

这样庶日头或者把他忘记了。

但我是日头的兄弟,

他把他的秘密都告诉了我:

他说他怎样教的鸟儿会唱歌,

怎样教的稻穗变成黄金,

怎样教的树林生得青葱可爱。

这样他就顺口说出

月亮灰白的缘故了。

月亮,伊是一个少女的心,

那里爱情曾来住过的;

哎,那时日光装满少女的心里。

但到爱情离了那里的时候,

那时伊就灰白起来了。

造物把伊移到天上,

但伊仍戚戚的看着下面爱情的住处,

这时伊更灰白了。

月光,伊怕日光得很,

因为日光的心里十分清楚

为什么月光会是这样灰白的。

伊出现的时候,河水说:

"小女子灰白的心啊,

来,在我们的怀里安息。"

睡梦里鸟儿向伊说:

"来,到我们的巢里,与我们一同安息。"

坟墓说:

"少女的心,灰白的心,你使我更加灰白。"

万物都睡下去了,

庶伊也可以睡下。

但伊虽看见他们一齐睡了,

伊却不闭眼,也不点头,

只立着,细看着睡眠。

一株绿的,绿的树生在我院子里,

日光恋伊,

微风摇伊;

但雪落时树忘却春日曾来过这里的。

吉卜西①的歌

我手颤着轻摸你白汗衣的折叠,

与绕在你颈子上的碧珠串。

从前我的帐篷前火光熊熊,

现在你看,——火光灭了。

---

① 吉卜西族人居徙不定。他们住在土洞中或帐篷里,靠着算命、贩牛马、唱歌、补苴破漏的铜铁杂器等事过活。他们在十五世纪初叶从亚洲流入欧洲。他们自有的语言是梵语的一种,不过添加了许多他们所经过的国家的文字罢了。从起源与文字两点看来,他们多半是印度人。

从前在山下，当黄昏的迷人时候，

你把新鲜、甜美的双唇给了我；

那时我的心乐得怦怦跳荡，

现在你听，——他不跳了。

在草地上，白杨的树荫下，

午日射不到处，我们高兴的散步；

那时爱情初生，强壮而好看，

你可知道？——爱情现在死了。

因为你的心黑，趋向堕落，

所以就是爱情，他也无力止得住你。

我的帐篷前火光曾熊熊过，

现在你看，——火已冷了。

军人的歌

日长的时节已经过去,夜长的时节

现在到了,我们坐在炉火边唱着歌儿;

我们唱歌,是纪念他们,已经去世的英雄;

在我们的四周他们的魂灵也唱起歌来了。

我在星光下手抚心的睡下,

我在灿烂的朝暾里前进;

我向星说:"当你们见我长眠的时候,——"

我向日头说:"你还要看见我的赤血。"

星喜欢看见我安稳的睡着,

日头看见我勇敢的战斗时,也是欢喜。

我手里的兵器与树上的叶子一样的轻,

与苹果树枝上最早开的白花一样的轻,

我真情愿年轻时在苹果树的绿荫里死了,

好令树上的白花能雨似的洒在我的身上。

如果我死在被风刮干的玉米秆间,

玉米秆仍旧会像从前在风里沙沙的响的;

或者我死在那面古井的旁边,

人家也仍旧会像从前从井里汲他们的水的。

不过我爱的啊!在你的胸间,在你的会有泪如雨下的胸间,

我却不能死在那里。

这是因为我情愿在灿烂的朝暾里

脸上泛着笑容,心里高高兴兴的上路去。

不要有女人为我悲啼,唱挽歌吧,

只要有一人,一人挖出装我的坟墓。

今晚的月光好不温柔可爱!

说不定,我爱的,他因为看见了你,

因为被你的美色所感化了，

于是对你的邻居也很温柔的。

风燕子般快的飘过去了，

说不定，他现在正扬起了你的面纱；

因爱你而并爱全个世界了。

游人喜爱英雄的坟墓，

仿佛他曾被你踏过似的，

（你踏过坟墓时，坟墓的心里是快活）

游人既爱英雄的坟墓，

英雄当游人在他安息的地方叉手做十字形的时候

也是会在坟墓里欢喜的。

大家的心思随着英雄远行，

与他做伴，直到他去世的时候；

他的去世神圣而被祝福，

有如里面躺着小孩子的摇篮；

正是，他头顶上的旗子颜色洁白，

有如包裹小孩子的襁褓，

死神给他的接吻味道甜美，

有如母亲给伊孩子的。

他的长眠珍藏在大家的心里，

并被歌颂于他们在炉火旁所唱的歌里。

春天花开的时候，他们说：

"他现在不能看见伊们了。"

他们向他的母亲说：

"母亲呀，我们恭喜你，

因为你是他的母亲！"

他们向他的妻子说：

"大姊呀，你被祝福了，

因为你是他的妻子！"

他们向他的孩子说："你们是他的孩子。"

母亲、妻子、孩子进香人似的来到他的坟边，

谢谢他做了他们的儿子、丈夫、父亲；

他心中也很快活，因为他觉着他们靠他很近，

不错，他们正在他的坟墓的旁边。

星喜欢看见他安稳的睡着，

日头看见他勇敢的战斗时，也是欢喜。——

日长的时节已经过去,夜长的时节

现在到了我们坐在炉火边,唱着歌儿;

我们唱歌,是纪念他们,已经去世的英雄;

在我们的四周他们的魂灵也唱起歌来了。

疯①

河水不落时,

我们不能再见柳树的根儿。

我从来没留过他,因这已注定了,

我的命里这已注定了:我们是应当分离的。

---

① 《疯》这歌是伐佳列司珂女士亲耳听到一个失了恋人的妇人唱出的。这妇人在家里再也不能安身,却常到女士家旁边一个树林里徘徊;到了晚间,伊就燃起伊的歌里所提到的火,在火边坐下,唱着伊答应给伊幻想来了伊的身边的恋人唱的歌儿。

但火仍烧着,仿佛他能暖我似的。

明天是礼拜日,农家将要快乐。

那么你就不要以为是我把他留下伴我的;

他走了,——但又回来了,并且每晚回来。

——坐在火边,我爱的,再挪近点;

你并不像我这样冷,火还能够暖你呢。

你看,我太冷了,就是有火也没用处,

我常是这样冰冷的。

哎!我爱的,你真好,你回来了,

回到我这里,——你回来的路是哪条呢?

可是那条,路边有磨坊。坊里有磨声吟着的?

还是那条,径边有缭绕的莓丛,

他们枝上鲜丽的浆果曾染红过我的双唇的?

但是,得了!我爱的,你真好,你回来了!

如果死者能回阳世,人一定向他们说;

"你们真好,你们回来了!"——但我爱你远过于我的一切死者,为他们我曾流过伤心的眼泪。

但你真好,你还活着,你也没使我流过眼泪。

你应该知道,这里还有月亮,与无数的明星;

但我爱你远过于伊们,

你与我在一处时,我从来没看过伊们;

但你一离开了我的时候啊!

那时我就看着伊们,与伊们谈论着你。

我知道你快来了,我就燃着了火,

火边我们坐着,低语,喁喁的低语。

那时我的悲戚飞开了;——但你去时我就熄了火。

因为火说:"他不在时我为什么应当燃着呢?"

你再来时,走莓丛边的那条小路吧,

不要向别个问路,也不要向别个讨水喝,

——切不要问别的妇人;把你的渴口全留给我。

别的妇人,伊们自有伊们的面纱①与纺锤。

我挑什么歌是好?你喜欢我唱哪个歌儿给你听呢?

河水流过,卷去未亡人的眼泪。

---

① 路国风俗:只有已嫁的妇人可用面纱。

树林里的果子树快落叶了。

我年少,但也年老,人都可怜我。

但我这么快活,为什么人家还可怜我呢?

我燃着了火,因我知道你快来了。

河水不落时,

我们不能再见柳树的根儿。

独　　居

因为一朵小小的花儿

初次看见了雪,见他色白,这样色白

伊心中一定很是稀奇。

伊说:"雪是决不会损害我的,决不会使我吃亏的,

你看他的颜色这样洁白!"

一晚上在炉火的旁边

你说了一个故事给我听,

我那时只是转眼向外,看着原野。

玉米成熟了,这处是玉米,那处也是,

玉米布满了整个原野。

我转眼向外,注视着原野,

庶乎不会看见你的两眼;

我在你正说着时,搀嘴进去,

叫你喝水,我一刻又搀嘴进去,

叫你看那边原野上的玉米。

什么时候你能再回来说个故事给我听?

——你说的故事我已不知道他是什么了,

但你的声音我却还清楚记得;

我知道,现在你是走了,

并且我是不应当去寻找你的。

你是不情愿在这里与我们一同住的了;

但如果是房屋阴郁的话,

你为什么从来总没说过?

只要你一说,我当时就会嘻嘻哈哈的,

使房屋变成和气煦煦了。

或者如果是门槛石不好看的话,

你又为什么也一直没有说过？

只要你一说，我当时就会在石边种起花来

使伊们可以茂盛得令门槛石潜不见了。

或者如果是你不情愿，我在你面前的话，

你又为什么不立刻就告诉了我？

只要你一说，我当时就会走到坟墓里去，

好令你能安逸的住在这所房子里。

我岂不知道，就游人的脚说来，

无论哪条路总是长的；

异乡人不能知道他的心；

他无论多么悲戚，

异乡人的心总是不会动的。

异乡人自有他们的家庭，妻子，母亲，

与他们从小喝到年纪大了的河水；

到那时他们不过会这样问你：

"你为什么离开了你的母亲妻子呢？"

在火边你说了一个故事给我听，

你的眼睛只是一直看着火，

庶乎不会看见我的眼泪。

我的眼泪流入炉火里面，

炉火向眼泪说：

"你们是要把我熄了吗？"

你说了一个故事给我听，——我呢，

我在你正说着时，搀嘴进去，

叫你喝水，我一刻又搀嘴进去，

叫你看那边原野上的玉米。

因为一朵小小的花儿

初次看见了雪，见他色白，这样色白，

伊心中一定很是稀奇。

伊说："雪是决不会损害我的，决不会使我吃亏的，

你看他的颜色这样洁白！"

被诅咒的歌

我从来没向风说过,我很爱他,
但他沙沙刮过树林的时候,
我实在是很爱听的。
春天的长夜又快来了,
到了那时草地将向花朵说:
"你们又到这里来了!"

谁能知道,我在这所空房子里

流过了多少的眼泪？

房子已空，自然没人能知道了。

我从前常唱一歌，为了他，我的恋人

有一次向我说："咦，不要再唱那歌了！

你一唱那歌，我就会不顺遂。"

后来我的恋人离了家乡，

我，我想他的很，一直想他的很，

以致那歌不知不觉的又到了唇边了。

于是一天傍晚的时候，我的门边

来了一个过路人，——我向他说：

"哎，你从远方来的客人，

将来还要走远路的，

你可知道，我心爱的人现在哪里？"

他的刀上有血，——但我毫不害怕，

因为那时我正想着我的恋人。

游人说："让我听听那歌，

那时我就要告诉你他遇着了什么，

正是，告诉你，他，你的恋人，现在怎样了。"

于是我一时大意,唱起歌来了,——
我大意的把我的诺言都忘记了,——
那游人,抖着,站在门边听我唱歌;
这时我才看出他的脸憔悴而灰白来了——

"哼,我,"他说,"我就是你恋人的魂灵!
你既唱了这歌! ——你就被诅咒了!"
我说:"我给你唱这歌,只是为着恋爱!"
但他的魂灵仍旧走了,永远不会再来了,
——我,我是被诅咒了,
现在我的身边一切东西
都唱着他吩咐我永不许唱的歌儿。

我从来没向风说过,我很爱他,
但他沙沙刮过树林的时候,
我实在是很爱听的。
春天的长夜又快来了,
到了那时草地将向花朵说:
"你们又到这里来了!"

未亡人

日头远隐在柳丛的背后,
　柳丛因为藏起日头,浑身抖着。

日暮时我家门上如有敲门的声音,
我起初一定会以为是他回来了,
但一刻我就会想起,他已去了世,
这回来的只是他可爱的魂灵罢了;
那时我就要叫他进来,

向我的身边走近，走近。
他可爱的魂灵将问我：
"孩子们及种的玉米，养的牛，
他们都好吗？"
我那时就要回答："都好。"
这样庶乎他能安稳地睡着。
但我却不情愿他可爱的魂灵问我：
"你心中的悲戚现在怎样了？"
因为死人面前既是不能撒谎，
我那时没法，也只得回答："它没减退。"
这样他可爱的魂灵
就要永久不得安宁了。
他可爱的魂灵一定还会向我要花的，
那时我就要把花给他，
但我却不情愿他向我要喝的水，
因为只有生人的眼泪可做死人喝的水，
我却又不情愿他看出了
这些眼泪是我的。
他可爱的魂灵将想起看孩子们与房屋，
看他们可是到底没变，

那时我就要引他去看孩子们与房屋,

因为他们本来没变。

但我却不情愿他可爱的魂灵叫我让他看我的脸,——

因为死人眼尖,他那时一定会看出

悲戚在我的脸上刻下皱纹了。

哎!一定不可如此。

那么日暮时他可爱的魂灵来敲门时,

我就该能够这样回答他:

"家里一切都好——是的,连同我的心里,脸上;

我已经把你忘记了,

你再回去,安稳地睡下罢。"——死人是不可哭的,——

"家里一切都好。"

他可爱的魂灵那时就会从原路走回坟里,

不再回头看一看,

他可爱的灵魂将从此不再起来,

在日暮时来到这里敲门了。

日头远隐在柳丛的背后,

柳丛因为藏起日头,浑身抖着。

重译人跋

民歌是民族的心声,正如诗是诗人的。又如从一个诗人的诗可以推见他的人生观、宇宙观、宗教观,我们从一个民族的民歌也可以推见这民族的生活环境、风俗和思路。从别一方面看民歌内包的或文学的价值固然极有趣味,从这一方面看民歌外延的或科学的价值也是极有用处的。

从这部《丹波危查的歌者》我们至少可以看出路国人有四点特出的地方,这四点就是生性忧郁、酷好战争、亲友自然、迷信鬼神。后两种特点一切原民都有,并不只限于路人,不过彼此的信仰不同,亲友自然的程度有点高低罢了;前两种特点却是有路国的历史做他们的背景的。

这书中一首歌里一个少女说伊虽不知道伊的恋人将要是谁,伊却知道他给伊的赠品里一定会有痛苦一物。有一首歌,歌里一个男子向他的恋人诉爱时还是念念不忘坟墓中的死人:他求伊不要摘去坟上的花,不要打破他们的沉寂,不要把春天的乐处告诉他们。又有一首歌,歌里说一个悲戚的母亲与一个快活的孩子同走一路,伊走的比他快;他们同吊井水给一人喝时,伊吊上的又比他快;他们离开了这人时,在这人的脑里伊的影子还是清清楚楚的,那快活的孩子却跟着他的去影小了,不见了。就是海都克,路人从古以来崇拜的英雄,在他们的心目中也是命运偃蹇的。他们所以这样忧郁大概是为了他们的国家从古到今一直被外人所侵犯蹂躏,他们从来没有得到过片刻以上的安宁的缘故。

正因为他们家国的幸福被他国所骚扰剥夺了,他们就极力的看重喜爱战争——保护家国的唯一兵器。这种好战的心理时时自然地,也有时有意的,流露于他们歌唱的时候,他们举行国舞时,唱一个歌;歌里说海都说寻找一个妇人(这妇人跳舞的少年们也都说曾经爱过的),这妇人等他,只是为着要杀死他,他也知道伊的意思,不过仍旧甘心愿意,兴高采烈、穿山越岭的去投身于伊的面前:这妇人岂不就是战争？在母亲给伊的孩子唱的摇篮歌里——这歌岂不应当像陶渊明的诗？——我们只听到伊叫他战死、流血一类的话；在少女对伊的恋人问伊可要珠镶的腰带、银打的项圈的话的回答里——这回答岂不应当像温柔芳馥的春风？——我们只听到伊要能染红腰带，加重项圈的血！女人这样，男人可知。古代路国都城被人攻破的时候，路人自己一把火把它烧光了；有这样的祖宗，自然也有这样的后人了。

路人好战，太厉害了，因之也就残忍。书里有一处说一把刀子埋怨没有人血温他，还有一处说两把刀子抢着说，我杀的人他的血多暖，我杀的人他的血多红！不过这也不能过怪他们：他们也多成是势逼如此啊。

说到亲友自然这点，我们可以到处看出；就一处所说的：

"你可知道收获了的谷子说些什么？

'我们被割起，只因我们太爱日光了。'"

又一处所说的：

"白雾下降鸟远飞了；

黄昏里我看见他们飞过。

炉火熊熊，风的抽噎更高了，

风悲，因为他也冷得很。"

我们可以推见路人是怎样的与自然相融合了。

关于他们的迷信，书中有一处说"今晚落了颗星，不要出去罢"，可见他们相信星落不是吉兆了；他们这个迷信与我国乡民说的天上落下一颗星，地上就要死去一个人的话很是相像。他们又相信给过路人水喝，就同给死人水喝一样。还有一首歌里说一个过路人在一家歇下，他带着一个口袋，袋里装的只是一块石头；这石头不知是指的什么。

重译人作这跋的目的只是想供给与读者一些在译文外的有用的材料，以补助他们的探求；如果这点目的可算达到，那么重译人就要自幸，这跋不是枉作了。

英国近代短篇小说集
YINGGUO JINDAI DUANPIAN XIAOSHUO JI

序

本书是根据下列各集选译而成的：(一) Walker：*Selected English Short Stories*；(二) Ashmun：*Modern Short Stories*；(三) Cody：*World's Greatest Short Stories*；(四) *Best British Short Stories of* 1922；(五) *Best British Short Stories of* 1923；(六) *Georgian Stories*, 1924。还有些选集我看过之后，或者因为它们与本书体裁不合，或者因为它们当中没有什么可以翻译的，便不曾选译。

作者的次序是按了生年的先后排列的，有些作者的生年无从考出,便以选集出版的先后为准。

　　　　　　　译　者　　(民国)十六年五月一日

卫推克君的退股

我在"卫推克,约翰生,马虚公司"这个药材批发所中做了二十五年的股东,在最后十年中还是领袖股东。领袖股东期内的头九年我不单是公司中名义上的领袖,并且是实行上的。我那时不管零碎事务了,重要的事没有一件不经我的审定而能进行:我是全公司中营业的枢轴。第十年中,我的妻子害了一场很久的病后,去世了;我自己也不舒服得很。许多月不见一种文件送来给我看。我回店做事的时候,才知道我以前的职务已经被别的几个股东,勇于侵略的人,分开来担任了,还有些他们以为必要的变动也实行了。我重新履行我的职务,能做多少就做多少，不过断线难于复连，于是我一变而要请教我的手下人了。许多营业，从前必定会来问我的，如今因为怕来麻烦我，都不告我而行了。生人来店里有事的时候，都是问约翰生或者马虚在不在。我吩咐传达人把他们带来见我，如果我那时闲着。不过这是一个失败，因为他们来我这里的时候，我不得不向同事求助，而这种时候，我的同事是不很热心的。有时我把文件要了来，不过读它们很费功夫，客人都等得不耐烦起来了。记得有一次，我不知怎样才好，只说了些不关痛痒的话。约翰生进来，把事情拿到他的手中，谈判了十分钟，就把事情定了，那时我只是坐在一旁，一声也不响，一点主意也没有出。有时我不听别人的话，想振作起来，不过到头还得自己认错。一次，人家向我们购买大宗货物，我们不得不向各家制造厂订立特别合同。约翰生、马虚两个都说常时供给我们的那一家不可靠，因为当我不在的时候，我们与他们的交易不很满意。我不聪明的而自然的把无我参与时所做的事不看在眼里，将他们反对的论调嘲笑了一番，而强他们容纳下我的决定。这家制造厂倒了，我们同他们订的合同取消，我们因近交货之期，只得匆促的同别家订一合同取货，这样一来，损失约五百金镑之数。我虽然没有听到许多向我提起的我应负责的话，但我知道这件事都是我一人做坏的，我格外明白我是无用，因之我很垂头丧气。到底我决定了退股。他们劝我不要退，不过我想他们是无诚意的，于是一八五六年十二月三十一日的时候,我遂离开了伊斯乞地方的办公房,再无进去之日了。

　　头两三个礼拜之中我很享自由之福,不过它们过去之后,自由的味道我可尝够了。我没有事做!每天商务最忙的时候,我不觉想起那种的忙碌,各家的探问,客房中等候的人,铃铛的响声,急迅的指示伙计的话,函件启开后的磋商,我们的不安的筹虑,一点钟后去苏格兰途中的奔波,与顾客们的谈判。我想象这一切仍然前进,不过扔下了我的前进,我这时除了拆开包裹解去绳上的结子,把它放进绳匣之外,更没别的事做。我眼看我的幸福的邻人早上驱车出门,晚上回来。我妒忌他们吃早饭时的匆忙,虽然这种匆忙我从前诅咒过。我妒忌他们十分钟吞下的中饭,而恨我一点钟吃下的;我妒忌他们晚饭错过半点钟将身子挣扎过小石路时的困倦。我这时所往来的几乎都是女人。我没有生小孩子,只有一个侄女,她二十五岁,热心福音堂各种事业,她的女朋友很多,有两三个简直每天下午来找她的。有时为减去枯寂起见,我用下午茶,差不多每次所看见的只是一个副牧师。我是在场的唯一男人。我好像是一个强健无病牙齿完好的人却只在吃着肉粥。无事可注意及没有反抗艰苦的事可做,都是我所受不住的。副牧师,有时正牧师,因为我捐款很勤,想同我讨论教堂中各种事情,不过我看其中没有一件是用得上城中最平常的日子所需的力量的。我有一次进房,看见柯尔曼夫人正同牧师作一极恳切的谈话,我不知不觉的在他们身边坐下,但是一听,知道他们畅辩的题目是"善举市"上货台的分派。他们真正兴奋起来了——他们激昂到最高点,是我完全承认的,我相信他们比我在那一天再也忘记不掉的早上,"莫屯公司""倪柯生公司"两家都倒了,我们慌了两点钟,不知我们可也得关门的时候,还要心无二注,还要不安。

一天我同我的侄女到圣保罗教冢街去挑选一件女外衣,但是那时药材分销处的买卖正在开场,我实在耐不住在一个布店中歇下,我离开了我的侄女,以最高的速度绕过教冢,叫人家相信我是忙着。我刚要走到医士餐室街的时候,一下撞到赖金斯,常替"贾克门赖金斯公司"出远门的人。

"哈,卫推克!"他说,"你离开后就没碰过你一回。好运气的猪!倒想学你那样。挞,挞,歇不下来。"

一年之前,要紧的事在身的赖金斯君肯与我谈话的时间,正同我肯与他谈话的时间一样的长。

从前我醒过来的时候(诚然有时是从一个不安之夜醒过来),总觉得我的面前是一天探险的日子。我不知道我接到的书信要有些什么话,也不知道要有什么事会发生。如今的时候,我起床之后,除了十五点钟的单调,其间仅有几餐饭的变换之外,一无可望的。我的侄女劝我进一个俱乐部，不过俱乐部中的人都不与我同一阶级。我从前很以我的园子自傲，于是决定了自己多照料一点。我买了些园艺学的书，不过园丁所晓得的远过我所敢指望，他我是不能不用的。我惯于晚间玩一架显微镜，虽然我对于用的着显微镜的科学一点智识没有，我的片子都是买的现成的。如今我在日里把它拿了出来，但是不久我就生了厌，把它卖去了。我们去华新，想住一个月。我们住的地方很舒服，天气又好，不过，要只是我一个人，我真要在箱子解了包时，就回去斯托克威的。我们先驱车到东方车子所能到的地方，然后到西方，此后除开再学从前，是没有别的法子了。第一个礼拜过去之后，我再也忍不住了，于是回了家。我幻想我的肝脏有病，于是去找一个医生问问。他给我一点药，劝我"多交些欢乐的朋友"，多注意点运动。我因此试行长途的散步，时常走过克乐伊顿，有时居然走到来辨特，不过我是不惯独行的，并且我所认识的鸟儿与树木不出五六种，因之我对于这些旅行不很感觉乐趣。我曾经在一个悄静的十月早晨的朝曦之中站在那班斯提特砂墩的上面，看见了北方的天上悬着黑如夜的浓烟，不觉囚犯般的渴望能做浓烟中有福之人内很低微的一个。

  我到底决定了解散斯托克威的家庭，搬到辽远的乡村中去住，并且豢养家禽——这事情我想一定既可获利又可消遣。我又决定了把我的侄女遣走，再娶一个妻子。我开始打算我认识的女子中哪个最能中我的意,我居然想到了一个十分合意的人。她差不多三十五岁的年纪,性情欢乐,喜欢出门(我再没有喜欢过出门的),善于持家,钢琴弹得不错,是一个退职营长的女儿,所以模样举止上与我们这一班人的妻女不同。乡绅我本是没有机会认识的,因了她我也可以同他们兜搭上了。我把我的计划,不过婚事一字未提,告诉了她的时候,她说她也喜欢家禽——它们多么悦人哪。为谨慎起见,我决定了在没有知道她很详细以前不先订婚,不过我装作无意地怂恿我的侄女邀她来住两个礼拜。她应约而来,有一两次我差不多求婚的话到了口边,不过又吞回去了。一种怕变更我的生活方式的奇异恐怖把我钳制住。我要是同她结了婚,一定得常在家里,虽然早上同下午我能消磨在家禽身上,晚上总得邀人来谈了,不过晚饭后我在客室中坐个半点钟还可以勉强,再多可就受不住了。我的迟疑还有一层缘故。我知道我向她求婚的时候,她一定会答应的,但是我不很知道是为什么。她大半会比我后死的,我幻想她后死的希望是她应允我的主要原因。我把她舍开了,她离开我们不久,我就幻想一个二十八岁标致的女子能够爱我,我差不多要向她求婚了。侥幸发生了一件事把我救了,这件事倒不值得去说的,我以后虽然看中了两三个别的漂亮的女子,心中决定了娶其中的一个,但是到底没有进行。这种犹豫不决的毛病一天厉害似一天,使我觉着十分的难受。它简直像鬼怪般的附起我身来了。如果我今日决定了要做这件要做那件,明天我一定可以找出二十条不必做这事的理由来。从前在伊斯乞的时候,我再没受过这种毛病的骚扰。人家告诉过我,意志力的腐朽是脑弱的一种征候,我的真病原来是这个!它说不定要带累我多少年呢!不幸的人!我的生活简直要同毕维克的可怖之画中的马的生活一样的坏了。我是"等着死了"。

我的收入之一部分得自借给一个堂兄弟的钱的利钱,一天他一点警告没有,我忽然接到一封信说他破了产,他的田产一镑中得不到十八个便士。我明摆着要节省了,但是做什么事与到哪里去是我的一个未决的问题。我碰巧遇到一个城中的旧相识,他告诉我西班牙公债票的"好处",他身边带着各种报告,拿给我看,说是要涨百分之二十。要是他的话当真——我本来没有什么可以疑心他的地方——我可以安安稳稳容容易易的把我失去的钱收回三分之二。我要是有事情,忙着的时候,我相信我不会花一个先令在这种投机事业之上,但是我受了这种兴奋的吸引,投入了一笔很大的款子。两礼拜后,我的债票忽然涨了百分之二,我大受摇动,决定了再做大点。我又买上一倍的西班牙公债票,三礼拜后,又有增长;我又买了许多那种债票。现在我等候着开签,真是行坐不安了。一天,我比平常早一刻钟下楼,等候着拿单子来的童子。我把它撕开一看,不觉面无人色,原来证券交易所中发生恐慌;我的公债票一钱不值了。我是倾家荡产了。

我常常暗地里担忧，怕会闹到这种田地，我会急疯了的。哪知道我这时脑筋分外清楚，我并不像我想的那样可怜。我立刻辞退了我的用人，把家伙差不多都卖完了，将屋子出了租。有朋友情愿帮助我，但是我婉谢了他。我搬到布利克斯屯地方一条新造的路边一间屋子里面去住，算一算下在本国债票——政府发行的债票是我唯一能信任的——的本钱，每年可以收入一百二十五镑的利钱。这是不够支持我的侄女与我自己同一个女佣的，我不得不打算打算在什么地方找个事做。再回依斯乞是不成问题的，不过我的经验，虽然我已经五十六了，说不定可以有用于别处。我于是十二点钟的时候去"贾克门赖金斯公司"想法子，这时候，我想他们一定有工夫见我的。我的盛时我总是一直走到有"闲人免进"标识的屋子的，不过现在我却去伙计办公房中，摘下我的帽子，很谦恭的问贾克门君赖金斯君两位中可有一位有空能会我的。他们没有请我坐下——我，一年前这些伙计看见我进来都要站起的。我的话倒传进去了，不过回话说贾克门君赖金斯君两位都有事。我居然能够大了胆又让他们传进话去，回话说我可以两点钟后再来。我出了门，走过伦敦桥，看见梢斯勿的圣救主教堂的门敞着，我就在那里歇歇。两点钟后我再去的时候，我又等了十分钟，才看见拿出一个饭盘来。铃铛这时响了一声，一个伙计跟着进去，差不多五分钟后，一声"这面进来"，我就与贾克门当面。他正在看着报纸，身边放着一把酒壶同一杯白葡萄酒。

"好,卫推克,你有什么事来?应当在斯托克威种你的葡萄的——哦,我想起来了,听说你不种葡萄了。嘻!怪事,一个人出了商界后,总要做错件事的:不是讨老婆,就是投交易所的机。像你这样的事,我看见过不知多少呢。我们能替你效什么劳?如今金融紧得很啊。"贾克门起初以为我一定是来向他借钱的,及至晓得我并不是为此而来,他的样子立时变了。

"我听到你的损失,很替你难受——我真难受,我的好朋友;不过这件事傻子才会去做的——对不住得很。"

"贾克门君,"我说,"我并没有完全破产,不过剩下来的实在不够用。你能给点事我做吗?我的联络同对于你的生意的智识说不定可以有点帮助。"他曾经向我挪用过几百镑的款项,但是我不情愿提起这事。

"要是能,自然极欢迎了,不过我们没有空的位置,并且说句老实话,你太老了。我们一礼拜用十先令雇一个童子都比你好点。"

贾克门君又喝下一杯白葡萄酒。

"但是,您!——您!(我真想不到会叫汤姆·贾克门作您的)——我刚才说过的,我的经验与联络说不定有点用的。""啊,说到经验一层,我同赖金斯两人的够了,伙计们我们叫他们做什么,他们就做什么。伙计不要用过两年：他那时开始觉着他知道的很多，想加工价了。至于联络一层，对不住得很——并没什么意思，当然的了——不过你差点。"

这当儿门开了，赖金斯匆忙的进来。"我说，贾克门——"他回过头来看见了我——"哈，卫推克，你来这里做什么鬼事？贾克门，我刚听到——"

"再会，卫推克，"贾克门说，"不能帮助你，对不住。"

两个都没向我握手，我走出去到了街上。饭馆里拥满了人，茶房跑来这里跑去那里。我抬头望一望那一所饭馆的第二层楼，各商店的领袖所用的我常常用中饭的地方，又走过伦敦桥回家去。一点半钟时候的伦敦桥！我不相信我有生以来曾经在一点半钟这个时候到过那里。我看见一群人还是向南向北的走。九点半钟的时候他们都奔一个方向，六点半钟的时候他们又奔别一个方向。早上与晚上的人群才是我心目中的人众。至于这些一点半钟的都是同我陌生的，他们都是些流氓，不入流。我到了家的时候，昏晕不舒服得很，因为我一直走来的。我想吃点东西，可是吃不下去，我就上床睡了。我第二天接到一封短札，说"贾克门赖金斯公司"情愿以每年百镑的薪金用我——并且说比我得力的人都不会有这么大的薪水的，不过给我此数，以作过去的追认。实在的情形，我后来打听出来了，是赖金斯怂恿贾克门用我，说他们有了老卫推克的时候，名声更要好点。赖金斯也有点厌倦招徕生意的事了，有了我很可以作替的。他们来往的人我差不多都认识，说不定我可以进去的地方，一个生人去的时候，要受拒绝呢。我的办公时间将要很长，从九点到七点，并且一点不能含糊。从前我午膳是用三先令半的饭的，现在却只好要吃什么，就带点什么在口袋里面了。我的晚饭不能像以前的那样丰盛——并且要不合我的口味。我来往的人将为伙计们，从前与我平等亲热的人我现在见到将要拿出谦退的下僚的样子来了。但是这些我都没有看在眼里，我的心中只是快活，许多月来没有尝过的快活。

我得到事情的日子是礼拜三，我开始工作的日子还要等到礼拜一。那天晚上我祷告时的热诚为许多年来所未有。我那时决定了，要是上帝答应的话，每个礼拜日早上到礼拜堂去，无论那早上天气多么美妙。现在离下礼拜一，除了礼拜日外，还有礼拜四礼拜五礼拜六三天。这三天我想象作休假日，虽然我从前没有接连休假过三天的，除开天气坏的八月九月中健康把我驱去了海滨。到底礼拜一来了：我们的早饭从这天起从早到七点半钟，八点钟的时候我开始向毚宁屯出发，到了那地方的时刻，改坐公共汽车去"威廉王像"站。啊！我关起小园门走上路去又觉着是一个某人的时候，多么快活！我朝旁边望望，看见别的小前门也开了，每条小路都有些人，到了毚宁屯路的时候,差不多成了一个不快不慢的方向划一的向城中前进的队伍了,而"我"也站其中之一。我仍然是偌大的世界的一份子,还有一件事情倚赖着我。五十六?不错的,但是那算什么?有好多人,精力最强的时候,正是五十六呢。我高兴的不得了,我上了公共汽车前座的时候——这天早上虽冷,我却不愿坐在车中——居然让我自己享受了一根二便士的雪茄。我的兴奋一刻平定下去了。我没有忘形的把偶然的暗示都忘记掉了。贾克门对于我是极喜故意冷落的。我与伙计们同坐也是一种磨炼。我们在斯托克威的时候,没有铺张过场面,不过我一生中都是吃惯了烹调得法的细菜的,我简直宁可不吃,也不情愿让粗糙肮脏的食物下咽。我的同事讥笑他们所谓我的"斯托克威架子",我从清洁的饭巾里拿出夹肉面包的时候,他们故意问我洗它时花了多少,他们以为这样一问,真是俏皮得很了。他们很贱的,手指甲漆黑,钢笔插在耳朵上。他们当中有一个天天带来一个黑漆的帆布袋子,并不像硬皮那样成形——只是一个满面皱折样子倒霉的袋子。他把它放在盥洗室,好像太阳不会晒着。一点钟的时候,他把它拿出来,倾出里面的东西,它们差不多每次是一块冷肉同一片包面。他从桌中拿出一副刀叉盘子来,同一点胡椒与盐,他把肉切下来吞掉了后,又啃剩下的骨头,啃光了,重复用纸包起,放入袋子里面。盘子刀叉在手盆里洗过后,用办公室中的辘轳巾抹干。最难过的是旧日生意上朋友来的时候,那时只要我去敲里面的门,说"某君来见您",至于来的是为什么事可不要我过问。他们当中有些待我很有礼貌,不过别的都故意轻藐我,觉着有趣。头一个礼拜一就有"魏极司莫格士白洛克公司"的后进股东白洛克冲进门来。他很认识我的,但是一点不注意我,虽然只有我一人在那里,他只问——"贾克门君在吗?"

"没有。您,我能替您做什么吗?"

他居然不屑于开口一声,只是把门砰的一声关上出去了。

虽然如此,我还是把精神振作起来,或者说它自己振作起来。五点钟开始抢着信上的签字的时候,我不觉想起那时家中那条街道,多么的沉闷,并且想起那个送牛奶的,那个副牧师的那个童子,那些我的侄女来往的人,而谢谢上帝,我在城里了,是人们中的一个。七点钟到了煤汽灯熄了的时候,又有一种在公共汽车中抢座位的指望,尤其是下雨的晚间,并且我一定能碰到一两个认得出我的邻居。再不要拉起窗棂挡子,在后园中去剃野草,或者去种再不发芽的种子,或者差人去郊外店家了。我闲散的时候,看见格林银行的门左右摇晃时的那班小店主是多么可憎啊!我如今回家的时候,诚然是累得半死了,但是累得半死也是一种不是人人都能享到的福。我如今睡觉之甜为一生所未有。半年之后,我的位置有点进境。贾克门的白葡萄酒瘾深了,有一两次,本来应当见人的,都不便于见了。赖金斯看见这样,不觉起了憎恶之心。他很常因病不能来办公。伙计中有两个薪水低的辞退了,去找较好的事。我再也不会忘记那天下午——我觉着我乐得简直能手舞足蹈起来——当赖斯金向我说:"卫推克,贾克门君的身体不怎样好,我出去的时候,他如果也不在,你可以会会来找我们的人,但是可不要——还有一样——让我想想看——我正要告诉你从下一季起,你的薪水要加十镑——还有一件事——哦!我想起来了,要是有人要见贾克门君,他那时刚巧不舒服,我又不能在这里帮他的忙的时候,你可以差人去找我,要是你知道我在哪里的话。你要是不知道,你就得尽你的力量应付了。"我这一晌来的制服是褴褛,破旧而有光的,我开始工作的时候,总得脱下衬衫的袖头,因为它们极其容易脏。那天晚上我把那件旧衣扔进火里,第二天早上把棕色纸包着我次好的外衣带来,并且一天到晚的用衬衫的袖口了。我得不断的再想一次——"想"。很小,诚然的,但还是想,并且循着思维所得而进行。赖金斯进来,问可有人来找的时候,我告诉他我做了什么。他有时说声"好"。我旧日的办公室有一个伙计昂昂的进来这边,没有摘下他的帽子,我走下我的凳子,把我的帽子也取来戴上了。他下一次来的时候,礼貌好点。我这样过了两年了,没有缺过一天。我希望我能这样做,一直到死。我的父亲是猝死的,他的父亲是猝死的,我自己有时觉着天昏地转,要过个几秒钟。我不怕在这里猝死,因为那时一定会发生喧嚷同扰乱的,但是我却情愿能在一切都"很"好的时候,回了家再去世。在床上躺许多礼拜,又要记挂着店里的事,是我再也受不住的。

——怀特

哑的神判

满眼是挥谴责之杖的人,
但充满神火的寥若晨星。

一

亚特勒斯王的朝代,神判还没有失去它们的信用,那时候夫立几亚地方的多利里恩城有一处特别出名的神判所,大家都说是亚坡罗在那里下判。与惯例不同,那里的判语是由一个男祭司传达的。虔诚的求判人接踵的云集于这个神判所中,他们得到的回答都是笔写的,正与敬神的路申在他的著作《论伪识》之中所论及的方法一般。有时,遇到非常的案子,则听到一个声音,自然是那位神祇的了,从神座的最深处宣示出回答来。这所圣寺的库中满藏着鼎与尊,它们是贵重的金属铸的居多。钱柜中充满了货币与锭条。富裕的求判者的布施,乡人的种类夥颐的贡品,是庙祝们所吃用不尽的。庙中又有一块膏沃的封地,更将寺僧们与奉神的祭司或身份增加了。这位尊崇的主祭司以谨慎出名,不下于虔敬。因此,天上的神祇赐他一个十分肥胖的身体。他终于死了,究竟是为了肉食上的过度呢,还是为了饮酒上的过度,仍为历史上一大疑案。

庙祝们会聚在一起,来选一个继任的人,他们因为想保持庙中神判所的神圣,使它不致减退起见,就选出了一个五官端正六根清净的少年祭司来。他是亚当的后人中最谦抑最纯洁最热诚最颖慧的一个人。选出这样难得的一个人来,而上天接着有一种非常的宣兆,自然是意中之事了。果然一件异兆发生,使庙中人的心里充满了惊惶。神判所的响答忽然间止歇而再不作声了。主祭司在梦中再不能接奉到启示了。无论多高的热望也再不能使他发见未来的一切秘密了。神座中再不听到发声了。无答判的愿书堆在大坛上,成为一种无望的障碍。自然而然的,它们也停止送来了。流入库藏中的贡品也随了它们而停止了。庙的庭院中绝了进拜者的踪迹了。院中唯一的血中升烟的牺牲是祭司自己斩的,为了求平亚坡罗的震怒的缘故。谦虚的祭司将罪过扛来自己的肩上,他彻底相信是他的一件不自觉而重大的污渎引起了这位神祇的赫怒。他所遇到的人也都异口同声的说这是为了他的罪过。

一天,他忧戚的坐在庙中,沉入痛苦的默想之内,尽着思索他怎样能履践他的神圣的职务的时候,被一个如今已耳生了的脚步声惊转了。他抬起头来一看,原来是一个老旧的妇人。她的外表是尊崇,而非可亲的样子。他认出她是庙中一个下级职司。

"尊崇的老母,"他向她说,"你自然是来与我一同向神祇恳求他指示出他的赫怒的起源与补救之方法的了。"

"不是的,孩子,"尊崇的人物回言,"我劝你不要向亚坡罗,或者别的神道枉劳这种心。我的掌里正握住将这所见废的圣庙的光辉复活起来的能力,要是你能给我一种公道的报酬,我可以将它传授给你。"祭司惊得口还开不了的时候,她又续说——

"我的价钱是一百块金子。"

"贱人!"祭司忿怒的呼出来,"你的金钱的要求就可以证明你所说的知道天上神祇的奥妙的话是一片虚伪。即刻给我走开!"

老妇人一句怨语不发的离开了,受磨难的祭司不多一刻就将这件事体忘记掉了。不过次日,又是这时候,老妇人复立于他的面前,说道——

"我的价钱是'两'百块金子。"

祭司又吩咐她走开，她又一声不响的去了。不过这件事情如今在祭司的脑中引起了多次郑重的思维。在他的兴奋的幻想中，这个老妪的坚持开始发生一种超自然的性质了。他想起了天上神祇的方法是与凡人的不同的，绕着弯子以完成他们的计划，在他们是定律而非例外，并且他们所用的工具是最难意料的。他又想起了女巫与其书典的历史，他的不合时宜的执拗说不定会带累得本庙的收入全部都耗去了。他想到这里，不觉身上颤了一下。他这样思前想后的结果，是他心中决定了下一天要是老妇人再来的时候，他将不像以前那样待她。

还是那个时间，她又出现了，她声含恫吓的说："我的价钱是'三'百块金子。"

"尊崇的上天遣来的使臣，"祭司说，"就是如此罢。赶快宽释开我胸中的苦痛。"

老妇人的回复简单而明了，就是伸出了她的展开而空凹的手掌。祭司匆促的将三百块金子数入她的掌中，但是那个老妪，装满一掌时还要将钱送入一个皮袋子里，并且她对每块钱都作介于妒忌与亲热之间的注视，以致祭司的进行不能如他希望的那般快。

"现在，"一切收钱的手续都完了时，祭司说，"该你履行条件了。"

"神判不响的原因,"老妇人回言,"是主祭司的资格不够。"

"唉!正如我心中所怕的,"祭司叹出气来,"如今讲吧,我的罪过在哪里呢?"

"就在这里,"老妇人回答,"就是你的智慧的胡子还没长出来,就是你的阅历浅薄的蛋壳还紧贴于你的简单的头脑上,就是你的脑子与装它的头颅比起大小来差得太远。简单一句话,免得人家说我用的譬喻过繁,头衔过冗,你是一个出类拔萃的木瓜。"

她看见祭司惊得一声不响,又说下去——

"一个教中人连宗教的性质都不明白,岂不是一件最可耻的事吗?毫不知道这个名词,说作实话时,是等于聪明的少数对于愚蠢的多数所实施的,求有利于双方,尤其是前者的欺诈吗?你痴呆不减于那班从前一向将它们的愚傻带来此处如今却带去了别处以供聪明似你的人享用的群众的人呵!你笨汉呵!你以为神判是亚坡罗下的!本来没有这样一个人,他又何从下得来神判呢?写这些判语,除了用一根烫针外,更用得到什么别的灵迹?至于说到超自然的声音,发它的人诚然是一个可敬,一方面说来还是神圣的人物,那就是区区的老身,你的为人同声悼惜的前任为我预备好一个壁龛,让我躲了起来,少年时代我是他的相好,老年时代我又做他的助手。你的助手如今站在了你的面前。你听我的话,将你的下流的迷信换成常识,将你的童骏的简单换成审慎的政略，将你的不称其位的瘠瘦换成威严的广胖，将你现今所处的可笑而不安的地位换成人类公称为神圣与尊崇的声誉。你一定会承认我要你三百块金子是很价廉的。"

少年的祭司听这老婆子说这一段话的时候，脸上现出受到最锐利的苦痛的样子。她一讲完，他就站了起来，可憎的她虽然想挡住他，但他摔脱了手，匆促得出庙去了。

二

少年的祭司心神定了的时候，决定了能离多利里恩城多远，就离多远。他不觉的对于漫游的嗜好增长起来了，不到许久，他的足迹已经遍布了亚洲的一大部分。他的饮食有这些地方的野产供给，或者遇到必需的时候，他就做一点轻巧的工作补足。渐渐的，本来促成他的无望的自惭，变成了一种对于人类的呆傻的嘲笑的怜悯，本来逼得他在改变环境中以求宽怀的不安静，变成了好奇与观察。他逐渐惯了与各流——除了一流——的人相安的同处，他发见了他与世间接触后，他自少年时代教育中得来狭小的玄秘主义已消灭去了。这时候他十分欢喜。有一流人，他却没有请教过——这就是祭司。他小心谨慎地避开他们，他这一晌来也没有入过天神的庙院。算命的、看相的，以及一切别的自称有超自然性质的人，他都极为憎恶。简直有人说，他所以终于折回头来不再前进,是为了再顺着路线前进就怕要遇到克尔底亚的卜人,或者波斯的道人,或者印度的袒裸哲学者的缘故呢。

不过他还是不打算回夫立几亚的。他现在离那地方也还很远。一天夜间,他在一个小的乡间客店中坐着的时候,他的注意被一句话引起了。

"真的如同多利里恩的神判一般。"说这句话的人是一个乡下人,他看来是向同座的人在一件迫待赞同的事情的上面下断语似的。前任的祭司猝然惊了一跳,叫出一半来又忍下去了。大家的眼光都看到他身上来了,他觉着他不能不加解释,于是装出他所装得出的最冷淡的样子问——

"多利里恩的神判真是这样灵吗?"

"你连这个都不晓得?"乡人反问,现出鄙夷的样子,"你没有听到过祭司犹布立底斯的名字吗?"

"犹布立底斯!"少年的旅客喊出来,"这正是我的名字!"

"那么你正该自庆,"另一客人说,"能与这样一个神圣纯洁而大蒙天眷——并且清秀而威严,我可以说,因为我常常见他于职司之中——的人名字相同。真的,我如今将你看得仔细些,你是与他相像得可惊。只是你的同名的人有点天神的样子,为你所无。"

"天神！"别一个说，"诚然，就是菲白司①自己来他的坛前掌事，他也不见得有犹布立底斯那种威严的样子。"

"也不见得有他那样将未来知道得准。"一个祭司增说。

"也不见得能做出他那样微妙的判诗。"一个诗人再增说。

"不过也奇怪，"别一个人说，"犹布立底斯从前被选为主祭司后，隔了许久，没有传下一次判语来过。"

"诚然，还有一件更奇怪的事，就是他头一次传下判语之时，就预言准了庙中一个职司——一个老婆子——的死。"

"哈！"犹布立底斯叫出来，"那是怎样的？"

"他说她第二天要死，到时果然，她死的缘故是喉咙里呛进一块金子，这并不是她的，但她想将它藏入舌头底下。"

"谢谢神明！"犹布立底斯忍不住低声的呼了出来，"吓！倒好像有神明似的！他们如果实在有的，他们肯容忍这种荒谬的讥笑吗？将戏法支持下去——得了，我明白是该当那样的。不过窃取我的名字！假充我的相貌！凭了一切子虚的神明，我一定要去戳穿他们的欺骗，就是死了也不放手。"

---

① 菲白司即亚坡罗。

他次晨很早的起来，向多利里恩城走去。他走近一程，关于这处亚坡罗的神判所灵应的传说就盛一点，关于这个祭司犹布立底斯的虔诚——先知的天赋，个人的长处——的证言也更为确凿一分。他的面貌与这个祭司的仿佛也不绝的为旁人所提起。走近了这城的时候，他看见条条路上都满是忙着去这庙中的人，他们是去参与庙中举行的一种宗教上的仪式。奉神的郑重与节气的欢乐相混，引起愉快之感。犹布立底斯本来是对于这次聚会极表鄙蔑的，但是他的愠怒也逐渐的消融于这一幅有诗的美的景致中了。他不得不承认他所这样急着要揭破的骗局，至少总是这么多天真烂漫的幸福的起源。他几乎情愿别人能教他从这个观点，当作一种政略的工具的，去体贴宗教，而不从老婆子所宣布出的可憎的方面去看它呢。

他进庙的时候，还是这种心情。祭坛前站着司仪的主祭司，他是一个少年，与他一个模样。他们虽然相像，但这个奇异的主祭司的脸上含有一种威严的风度，并且仪容镇静，态度高越，使别人对他怀疑的心情自然的泯灭。犹布立底斯惊出意外，本来进寺想跑上前去揭穿这个假主祭司的假面目，将他从坛边拖下的念头，立刻不自觉的打消了。他正在迷惘的站在那里的时候，坛前奇异的主祭司的声音说出：

"祭司犹布立底斯站出来！"

当场的人，除开犹布立底斯自己外，都大惊起来。只见一个人从人群中挤出来,直到坛前的主祭司之前,他们不觉纷纷的谈论起来,他们忽见坛前的主祭司身子庞大起来,头上生出一圈白光,使太阳都无光了,赭色的卷发,在双肩上纷披下来,目光炯炯,异于凡人;背后悬着箭筒;手拿着一把弓,威严与慈祥较前增了十倍。犹布立底斯与一切当场的人认知他是亚坡罗,都跪下来了。

一时的沉默,是菲白司第一个开口。

"犹布立底斯,"他说,"你离开你的职守,去异教徒中周旋,要我离开巴乃色司这许多时候,来代替你,你难道如今也到底想到了?"他说话的时候,杂以轻淡的诙谐。

犹布立底斯震悚莫名一辞。亚坡罗又说下去:

"你倒不要以为你惹起了天上神祇的震怒。你为真理而背弃了宗教,正中他们的意思,因为真理恰是他们所最看重的。不过自此以后,犹布立底斯,你可要小心,使你自身的神圣信仰不为一恶人的言辞所感动了。就说多利里恩的神判所是一场骗局,难道你从你自身的胸中听不出神判的声音吗?就说宗教中的先知灵迹已成往事,难道风与水与星也都消沉了吗?就说外来的教旨已不能发生效力,难道内生的势力你自己也是感觉不出吗?就说你不能有所启示于人间,难道你也不能将教旨向人间做一说解吗?你可以记住我的最后一句话,就是,你当初想将此等的欺骗与迷信戳破的决定是一种最宗教的动机了。"

"不过如今,菲白司,"犹布立底斯大着胆说出,"我已经受过了你的淘洗,你要我来勉任你的祭事吗?"

"不要,犹布立底斯,"菲白司含笑的回言,"银子诚然是好的,但不宜于做犁耙。你的奇特的经验,你的辽远的漫游,你的孤寂的思维,以及与各种人物的谈接,使你不宜于祭司之职,不过我希望,使你宜于哲人之职了。找一个适宜的人来管这个寺庙是很容易的。我看着什么时候要帮助他,就什么时候帮助他,一定能叫他克尽厥职的。至于你哪,犹布立底斯,你可以将你的力量用在一件高于亚坡罗的服务之上,一件亚坡罗的势力已经消沉之时尚然存在的服务之上。"

"是为人道服务,我的孩子。"亚坡罗回答。

——加涅忒

马克汉

"不错,"店主人说,"我们意外之财有好多种。有些顾客不懂什么,那时我就靠着我的智识多有所获。有些不老实,"他说到这里,把蜡烛举起来,来客满脸都照亮了,"在那种时候,"他接着说,"我就靠着我的道德得利。"

马克汉刚从阳光闪烁的街中走进店来,他的眼睛还没有看惯店中的半光半暗。听到这些锋利的话,又有火光近在跟前,他不觉痛苦的眨眼,把眼光移到别处去了。

店主人咯咯的笑起来。"你在圣诞节的日里来我这里,"他又开始说,"你是知道店里只有我一人,把百叶窗关起来了,不预备做生意的。好,这个你得赔偿。你来搅扰我清账的时间,你是得赔偿的。还有我今天清楚看出你一种模样,你也是得赔偿的。我是一个极其精细的人,我是不会问废话的,但是一个顾客不能向我正视的时候,那他可得赔偿。"店主人又咯咯的笑起来,接着换了平常做生意时的口气,虽然言语中仍含着讥笑,"你还是能照常把你怎样有了那件东西的原委告诉我吗?"他接着说,"还是你叔叔的收藏吗?好大的一个收藏家,先生!"

说着话时,瘦小苍白而肩膀圆的店主人差不多站在脚尖上了,他的眼珠看过金丝眼镜的上边,点着头,表示出极不相信的样子。马克汉的回视中含着无量的怜悯与一线的恐怖。

"这一回,"他说,"你可错了。我不是来卖,是来买的。我没有古董出卖,我叔叔的收藏都卖光了。它们就是还在,证券交易所中也好得多,我是不会卖给别家的,我今天的事并没有什么曲折。我找一件送一位夫人的圣诞节礼物。"他接着说,这时说上他预备好了的话,不觉顺口起来了,"我为了这么一件小事来搅扰你,自然是十分对不起的了。不过我昨天忘记了这件事,我又必须在晚饭时拿出我的小礼物——一个嫁妆多的老婆,你知道,是不能忽视的。"

接着一时的沉默,店主人在此时间里不相信的估量他的话。唯一的声音是店内奇特之敝物堆中诸钟的嘀嗒与附近之街道中声微的车驰。

"好,先生,"店主人说,"就算这样罢。你到底是一个老主顾,要是像你说的,你可以娶一个有钱的夫人,我哪是一个肯阻障你的人呢?哪,这里是一件包中太太们中意的东西,"他接着说,"这面手镜——十五世纪的,我可以作保,也是一个大收藏家的。我的那位主顾,同你一样,我的好先生,也有一个收藏极多的叔叔,并且也是那些收藏的唯一承受者。不过他的名字我是不愿说的。"

店主人的干枯有刺的声音这样说着话的时候,他弯下腰去从原位上拿起那面镜子来,这个当儿,马克汉的手脚上发生一阵震动,许多倾轧的热感忽然的跳到面孔上去。震动与热感像来时之疾的去了,遗留下的踪迹只是接那面镜子时手中的一种颤抖。

"一面镜子,"他粗声道,停了一会儿,声音较为清朗的复说道,"一面镜子?圣诞节用?当然不是的!"

"为什么?"店主人叫出道,"为什么镜子不成?"

马克汉看着他,脸上现出一种说不出的样子。"你问我为什么?"他说,"哪,看这里——看它——看你自己!你情愿看吗?不会的!不——人人都不会的。"

侏儒的店主人看见马克汉忽然把镜子杵到自己眼前时,不觉往后一跳。但是看出并没什么恶意,他又咯咯的笑起来。"你未来的夫人,先生,一定是不敢恭维的了。"他说。

"我向你要件圣诞节的礼物,"马克汉说,"你却把这个给我——这个可恶的提醒年岁、罪恶、糊涂的东西——这个手中的良心!你是这个意思吗?你的脑中也有一条思想吗?告诉我。你告诉我时你会上算的。来,告诉我你是怎样的一个人。我猜想,你暗地里实在是一个慈善的人,是吗?"

店中人把他着实盯了一眼。奇怪得很,马克汉并不像是开玩笑。他的脸上仿佛有一种迫切的希望,嬉笑却没孬见。

"你是什么意思?"店主人问。

"并不慈善?"马克汉阴郁的回答,"不慈善,不虔诚,不顾忌,不爱,不为人所爱。一只捞钱的手,一只藏钱的保险箱。亲爱的上帝,人哪,只是这样吗?"

"我告诉你是怎样一回事吧,"店主人稍近锋利的开始,接着又咯咯的笑起来了,"不过我看出来你这是恋爱的配合,你刚巧喝了祝她的酒呢。"

"嗐!"马克汉叫出来,发生出一种特异的好奇心,"嗐,你曾经发生过恋爱吗?把它告诉我。"

"我,"店主人叫起来,"我发生恋爱!我没有那种闲工夫,今天我也没有这种闲工夫来同你说鬼话。你要这面镜子吗？"

"何必那样忙？"马克汉回答，"站在这里说话真是愉快得很。人生这么短促而不稳，我真不情愿忙着离开任何愉快的事——真不，连一件这么稀薄的都不。我们应当像一个攀岩的人样，紧抓着，紧抓着我们臂膀所可及的东西。每秒钟都是一座岩，只要你想想看——一座奇高的岩——高得能在我们落下的时候把我们跌得不成人形。所以愉快的谈着话最好的了，让我们说彼此的争罢：我们为什么要戴起这具假面呢？让我们彼此相信吧。谁敢说，我们不会成朋友的？"

"我对你只有一句话，"店主人说，"要不买东西就走出我的店门！"

"真的，真的，"马克汉说，"傻话说够了。谈正经事吧。再拿件东西我看。"

店主人又弯下腰去，把镜子放回原架之上。他这样的时候，淡色稀少的头发散下，掩起了双眼。马克汉挪近了点，一双手探入外套的口袋里。他团起身来，深深的吸入一口气，许多不同的情绪同时呈露于他的脸上——惊怖、恐慌与决定、溺好，与肉体上的憎恶。他的上嘴唇野犷的抬起，他的牙齿都龇出来了。

"这个，说不定，可以中意。"店主人说。他说着这句话想再站起来的时候，马克汉从后面向他身上扑来。长而像烤针的匕首闪一闪落下来。店主人母鸡般的挣扎,太阳碰在架子上,就倒下地上成了一团。

时间有许多声音响于这店里,有些年寿高的庄严而舒缓,有些则多嘴而匆忙。它们报秒的嘀嗒声响有如一曲繁复的合唱。接着一个后生的脚沉重的跑过路上,打破这片较小的声音,把马克汉对于环境的知觉重复提醒。他畏惧的四顾。那枝蜡烛站在柜台之上,火焰狂风中庄重的摇晃。这虽是一种很轻微的动作,但全室中已因之而充满无声的扰攘并且海水般的震荡了:硕长的阴影点着头,黑暗的小圈呼吸般的时大时小,影像同瓷神像的脸变幻摇晃有如水中之影。里面的门开着,有一条像指点的手指的长太阳光射入黑影的联盟中。

马克汉的眼睛从这些无往而非恐惧的浪游返到他杀死的人的身上,看见它手横脚竖而背弓起的躺在那里,比较生时尤为说不出的渺小,尤为奇异的卑贱。衣服那样恶劣而怪吝,姿势那样丑陋,那店主人真像一团木屑堆在那里。马克汉本来心里担忧在见了他的时候会恐惧的,但是,哪!一点没有什么。虽然如此,当他近看的时候,这一堆旧衣于这一池赤血不是缄默无声哪。它必得躺在那里,没有人来运行它奇巧的铰链,指挥它移动的灵迹了,它必得躺在那里,直到被人家找到的时候。找到!不错,那时怎样呢?那时这个死尸将大叫一声,响遍了全英国,使全世界中都充满了追拿的呼声。不错,无论已死未死,这还是他的仇敌呢。"时间在人死了的时候是这个。"他想。时间这名词不觉深刻的印在他的脑上。时间,如今事体已经完成之时,——时间,在被害者方面已经完结了的,在害人者方面则变成迫促而极关重要了。

他正这样想着的时候,忽然,一个接着一个的,各种各样的长短的声音——这个深洪如礼拜堂上钟楼中的钟,那个尖锐如"华尔兹"舞中音乐的首腔——店中的许多钟开始敲下午的三点钟。

这许多声音忽响于这间喑哑的屋子之中,仿佛是刀子砍了他一下。他开始振奋自己,拿着蜡烛走来走去。这时候,移动的黑影在四面把他包围住,偶来的返想使它震惊到灵魂的最深处。在许多富丽的镜子,有些是国内制造的,有些是来自威尼斯与亚姆斯特当的,其中他重复的看见他自己的影子,有如一大队的侦探,并且他自己的眼睛看着他自己搜查他自己。他的脚步的声响,虽然落下很轻,也把四周的悄静扰乱了。他不断的装满他的口袋之时,他的精神,以一种令人难受的反复,责罚他行事时成千成百的缺点:他应该拣一个较为悄静的时间的,他应该预备一种证明他不在场的证据的,他不该用刀子的,他应该更仔细点,应该只把那个店主人绑起塞住口,不该把他杀死的,他应该更胆大点,把用人也杀死的,他应该一切都不像他那样做的:锐利的懊恼,求移不小可移,求计划今已无用,求改建不可改之过去的不息的倦人的绞脑。同时在此种活动之后,有兽性的恐怖,仿佛顶楼上的窸窣的老鼠似的，把他脑部较远的地方装满了骚扰：巡捕的手掌将要沉重的落在他的肩上，他的神经将要像上钩之鱼般的一抽，要不然，他就看见囚槛，监牢，绞台同黑棺在他的眼前飞驰而过。

他怕街上人有如进攻的车队。他想他与店主人争斗的风传一定有些吹入了他们的耳中，引起了他们的好奇心。如今在邻近之人家中，他猜想他们都在不动的坐着，耸起了耳朵——有些孤独的人，被罚在圣诞节中只能回忆过去的，如今从回忆中惊转来了，有些快乐的家庭聚会，在桌边吓得一声不响，母亲的手指还在抬着：各种阶级各种年纪各班性格的人，他们都在他们家中火炉边刺探着、谛听着，打着那根要吊死他的绳子。有时他觉着他不能走动得极轻：高的波希米亚杯叮当之声同铃子一样的响，他受了钟的嘀嗒太高的惊慌，简直想将它们都停了。接着，他的各种恐怖转了途径：他觉着这地方悄静时更是危险的源泉，能令过路人引起注意而遍身冷了的，他应当走路时大胆些，庄店里货物之间热闹的忙着，并且用了重复的夸大模仿一个在自己店中歇着的忙人。

他现在受了各种的惊慌，以致他的脑子一部分虽然还是机警伶俐，一部分已颤抖于疯狂之边岸了。一种幻觉尤其得他深分的相信。白着脸在他窗边谛听的邻居，脑中忽觉附近发生惨事的路上行人——这些人顶多不过起了疑心，他们还不能晓得呢，砖头砌的墙壁同百叶窗闭起的窗子顶多不过曾漏出去声音罢了。但是这里呢，房子里面呢，难道只他一人吗？他知道只他一人的，他入店以前看见店里的女佣穿着她最好的衣服，带子上微笑中都可以看出她是今天没事的找她的情人去了。不错，自然只有他一人在内了。不过，在他顶上的空房中，他可以无疑的听到一阵轻柔的脚步——他无疑的觉着，说不出的觉着有人在那里。不错，无疑的；他的想象跟他到了每间房里，每个屋角上。它一刻是一个无脸而有眼可视的东西，一刻又是他自己的影子，一刻更变成脸上画着阴刁与憎恨的死店主人的形状。

有时，他挣扎着，向他不敢望的敞着的门瞟一瞟。这所房子是高的，天窗小而肮脏，窗外的天被浓雾罩住了，漏下来的光线十分的黯淡，只是迷蒙的照见店门的门槛。不过，在那条可疑的光明之中，不是有一个影子摇动的悬着吗？

忽然间，外面的街上，一位很快活的先生用一根行杖在店门上敲，敲门中不断的高呼着店主人的名字，并且笑骂。马克汉，浑身冰了，向那个死人一瞟。但是没有！他还很安静的躺着；他所去的地方是听不到那些敲打与呼喊的了，他的名字，从前在大风雨中他都听得出的，如今已经无用了。当下那位快活的先生就停止了敲门，走了。

这里真是一个暗示，来催他了结未完之事，离开这一片责他的地方，钻入伦敦的人海：在日的那边去达到那个平安的与明示无罪的水港——他的床。有一个人来遇了:随便什么时候都可以有一个再来,并且要更加固执的。事情做过了,而不收获其利,未免是一种太不近情理的失败罢。钱财,那是现在马克汉所关心的事。得它的工具,钥匙。

他从肩膀上向后面敞着的门一瞟,看见影子还在那里淹留颤抖着。他精神上没有发生自觉的厌避而肚子抽了一下的,走近他所杀了的人。人性已经不见了。仿佛一套衣裳半实着糠似的,四肢散乱躯干叠起的躺在地上。但是那件东西引起了他的厌避心。看来虽然是沾污而无足轻重的,他怕触着时它会发生重要。他将尸身从肩膀上拿起,翻过来匍着。它奇异的轻而应手,四肢,仿佛断了似的,便成各种极怪特的姿态。脸上一点表情都不见了,但是它灰白如蜡,一边太阳穴上满是血汗,看去令人作呕。这个在马克汉的眼中是一件最不畅快的事。它立刻使他想起某一天渔村中的市集,一个灰色的日子,一片呜呜的风,一群挤在街上的人,铜号的喇喇,皮鼓的咚咚,一个歌者的鼻声,一个走来走去的孩子,灭顶于人海中,一面好奇,一面又害怕,直至走到会聚的中心点时,他看见一个搭棚,同一块宽布,布上有许多命意阴郁着色炫耀的图画:布郎理带着她的学徒,满宁一家人同他们谋死的来客,在索太尔致命之掌中的卫尔,与一些别的有名的罪案。这件东西像一个幻影样的明晰,他又是那个小孩子了,他又看着那些恶劣的图画，感觉到同样的肉体上的抽挛了，他又被鼓的敲击声闹昏了。那天的音乐有一段复入他的记忆之中，这时开始第一次，他觉着一阵昏晕，要呕吐似的，骨节间忽然觉着软弱，这是他应当立刻反抗而战胜的。

他断定了最聪明的法子是与这些思虑对面而不躲避他们，是更着实的看死人的脸，屈他的精神来实认他的罪恶的性质与重大。不多一时之前，那个脸上曾经来往过各种情绪上的变化，那张灰白的嘴曾经说过话，那个躯壳曾经燃过各种受人制驭的能力，如今，并且是他做的，那片生命停止了，正如钟表匠探入手指停止了钟的动作一样。他这样的理论，但终归无效。他不能自觉到再大的悔悟。在罪恶的图画前颤抖过的同一的心，看见了实在，一毫不动。顶多，他不过有点可怜一种空有各种能力而未将世界化为一座仙园的，一个从前没有活过而现在已经死了的人。至于悔罪，不，一毫没有。

这样，将这些思虑从身上摆脱，他找出了钥匙，向敞着的门里走去。外面雨下得很大了，屋上暴雨的声音将沉寂打破了。一个滴水的山穴似的，房屋中的各室充满了一片不断的回响，将人耳充满，并且混合在钟的嘀嗒里面。马克汉走近房门的时候，他仿佛听到，一个别人的脚步退上楼梯，与他自己留心的脚步相答。影子还隐约的荡动于门槛之上。他在他的筋肉上惯下了千斤的决心，将门拉开。

黯淡迷蒙的阳光亮于一无所有的地与楼梯之上，亮于竖在梯顶间的手中持戟的一副光明的甲衣之上，亮于黑暗的木花与壁板的黄凹板间挂着的画框之上。雨声在全所房中响着，在马克汉耳中分成了许多的不同的声音。脚步与叹息，远处军队的进行，数着的银钱之声，偷开的门的叽吱，仿佛混入雨的嘈嘈，落在圆屋顶上，仿佛混入水的哗哗，流过水管之中。并非他一人在此的一种感觉在他脑中增长得濒于疯狂。四方八面都有人包围着他。他听到他们在楼上屋子中走动，店里，他听到死人爬起来了。他鼓起气来上楼梯的时候，脚步在他前面悄悄的逃避，在他后面偷偷的跟随。他要是耳朵聋了，他想，他的灵魂将如何安静！同时，"这时他谛听的注意更加敏锐"。他又自幸有耳朵，能侦伺着外界的变动，忠诚地护视着他的生命。他的头不息的在颈子上移动，他的眼睛，仿佛从框中突出了似的，向四面探望，四面都约略看见一件藏起的无名之物的尾巴。上二层楼的二十四步楼梯简直是二十四层痛苦。

二层楼上各门敞者，三个门像三支伏兵，它们震他的神经有如大炮的长颈。他再也不能，他觉着，充分的避免人们察看之目了。他想回家，四面有墙壁围起，躲在被窝之中，除了上帝外别人再看不见他。他想到这里时，他不觉发生一点纳罕，因为他想起了别个谋杀者的故事与人家所说的是他们对于天上报仇人的畏惧。他，至少，不是那样。

他所畏惧的是自然的定律，怕它们在它们的无情而不可易的进行中保留下一点证明是他犯了罪的证据。他所更加十倍畏惧的（这时他有一种迷信而奴隶般的恐怖），是人类连续的经验的猝断，是自然的故意的不法。他赌了一局专凭本事的棋，依赖着定规，以因测果。不过要是自然，像败北的敌手掀翻棋盘一样，将它们次序的模型撞碎了的时候，那他又有什么法子呢？拿破仑曾经遇过这样的事（作书的人这样说），就是冬天来的时候与向来不同。这样的事说不定可以落在马克汉的头上：坚壁可以变成透明，将他的举动宣露，像玻璃巢中的蜜蜂一样，硬木板可以流沙般在他脚踏下，将他的腿掏住。不错，还有较近情的意外也一样的可以破坏他呢：譬如说，要是房子倒下来将他同他所害的人闭在一起，或者是隔壁的一家失了火，救火人在他的四围进迫上来。这些事情都是他所畏惧的。这些事情，就一方面说来，也可以叫作上帝向罪恶伸出的手呢。但是关于上帝本身他是很安心的。他的这次举动无疑的是例外，他的辩解，上帝知道的，也是例外。他在那里，而非在人世中，才感觉到他能得着正义。

他安稳的入了客室将门关好了的时候，他觉到他的惊慌暂时中止。室中四壁之上无物悬着，地毯也没有了，只见一些箱子与一些不配合的家具摆满了一房，有几个大的夹窗镜，就中他从各个不同的角度看见自己的影子，仿佛戏台上的伶人似的，有一些图画，上了框的与未上框的，背向外的靠墙站着，又有一架精美的夏列屯碟柜，一只嵌镶的橱，一架有花帷的大而旧的床。窗棂是向地板开的，大幸百叶窗的下半闭起了，使邻居的人看不见他。马克汉当时在这里拖开一只橱前的箱子，开始找钥匙用。钥匙极多，找来是很费时的，并且也很厌烦，橱中说不定一物俱无，而时间又不候人。但是事机的吃紧反将他的心平定了。他眼角上向房门看——有时还正着眼瞟一瞟，仿佛一个被困的总司令证实自保之稳固而欢喜似的。其实说来，他是放心了。落于街中的雨，响得自然而愉快。并且房子那边一只钢琴弹出一首赞美诗的调子，许多孩子的声音跟着唱起来了。赞美诗的调子多么庄严，多么舒服！青年的歌声多么新鲜！马克汉一面微笑的听着，一面找钥匙。他的脑中充满了应时的念头与印象：上礼拜堂去的孩子们与高的教堂风琴的声响，在田野中的孩子们，河边洗澡的，在荆棘生满的公共场上散步的，向生风有云的天上放风筝的，赞美诗调子又一转的时候，再进礼拜堂去，与夏季礼拜日的困乏，与牧师的高而文雅的声音，（他想到这里时，脸上泛出笑容），与画的雅各时代的坟茔，与圣坛殿上十条圣训的模糊的字形。

　　他这样坐着，一面忙碌一面出神的时候，他忽然惊得站起来。一闪的冰冷，一闪的火热，一阵血的喷驰，经过他的身体之上，接着，脚上生根浑身电震的站在那里。一个脚步慢而稳的上了楼梯，当时听到一只手抓着门纽,锁咯当一响,门就开了。

畏惧铁钳般将马克汉掏住。他不知道他将望到什么,是死人起来了呢,还是人类的正义的正式的执行者？或是一个偶然的证人碰进了门将他送到吊台上去？但是当他看见一个脸伸进隙来,向室中四面一瞟,看看他,点一点头,脸上泛出笑容,有如朋友们的招呼,当时退去,将门带上了的时候,他的畏惧不觉挣脱了他的制驭而发为一声粗糙之呼。来客听到这个,又回来了。

"你叫我吗？"他愉快的问,问了就进房来,将门在身后关起。

马克汉站着,睁开两只眼睛向他尽望。说不定他的眼上有一层薄膜,不过来客的形状仿佛变幻摇动着,有如店内摇晃的烛光中的偶像的形状。有时他想他认识他,有时他想他与自己相像。他的心中,仿佛梗着一团有生命的恐怖似的,一直自信这东西既不属于人世,也不属于上帝。

但是当他站着,含笑望马克汉的时候,这东西看来有一种出人意外的无异于常人的样子。当他再问："你是找钱罢,我看？"的时候,问话的腔调更是同日常的客套一般。

马克汉没回答。

"我应当警告你。"那一个接着说,"就是,店中的女佣离开她的恋人比平常早些,她一刻就要回来了。要是马克汉君被人发觉在这所房子里,我也不用告诉他,后来是要怎样的。"

"你认得我吗?"谋杀者叫起来。

来客脸上一笑。"你久已是我所宠幸的了,"他说,"我久已观察着你,常常想帮助你了。"

"你是什么?"马克汉叫出来,"魔鬼吗?"

"我是什么,"那一个回答,"与我情愿帮你的忙是无关的。"

"有关,"马克汉叫出来,"有关的!受你的帮助?不,决不,不受你的!你还不认得我,谢谢上帝,你并不认得我呢!"

"我认得你,"来客回答,带着一种和气而严酷的或者说和气而坚决的口气,"我是彻灵魂的认得你!"

"认得我!"马克汉叫出来,"谁能那样?我的生活不过是我本身的一种戏弄与污蔑罢了。我的生活只是我本性的欺毁。一切人都是这样,一切人都比这生在他身上将他闭塞住的虚伪好得多。你可以看见每人被生命拖走,仿佛一个人被强盗抓住用大衫蒙起似的。要是他们能自己管自己——要是你能看见他们的真面目,他们一定会完全不是那样,他们一定会个个有做英雄或圣徒的资格的!我比多数人更坏,我的身上包裹得更厚,我的辩解只有我自己同上帝知道。不过只要有工夫,我一定能显出我的真身。"

"给我看吗?"来客问。

"头一个给你看,"谋杀者回答,"我猜想你是一个明白的人。我看——你既存在——你想必可以成为一个阅人心的。但是你还打算拿我的行为来判断我!你想想看,我的行为!我生下来,就活在一个巨灵的国度里,巨灵在我落下娘胎的时候就抓住我的手腕将我拖去——境遇之巨灵。你还要拿我的行为来判断我!你难道不能向里面看看吗?你难道不能明白罪恶是我所憎恨的吗?你难道不能在我的内部看出良心清朗的笔迹,毫未受任性的诡辩的涂抹,虽然常受过分的忽视吗?你难道不能看出我是一件常见如人类的东西——一个非出本心的犯人吗?"

"这些话都是动人的说出的,"回答不过如此,"但是与我不相干。这些我都管不着,我的意思是,只要引你上的路是对的,无论是用了什么强迫的方法将你拖上去,都是一样。但是时光是不等人的,店内的用人诚然是停下了,看看人群的脸面与货箱上的彩画,但是她还是渐渐的走近,并且记着,它简直是那座绞台,大步踏过圣诞节的街市上来接你呢!要我帮助你吗?我,知道一切的。要我告诉你钱在哪里吗?"

"用什么代价?"

"我替你效劳,只算是一件圣诞节的礼物罢。"那一个回答。

马克汉止不住表示一种痛苦的战胜的脸上笑一笑。"不,"他说,"我不情愿从你手中接受任何东西。就说我正渴得将死,而是你的手将水瓶递到我的唇边来，我都振作得起拒绝的勇气。这说不定是轻于自信，但我决不情愿再做一件累我自己破坏人格的事情。"

"我是并不反对临终之床上的忏悔的。"来客发表意见。

"因为你不相信它的效力！"马克汉叫出来。

"我没有这样说。"那一个回答，"不过我观察这些事情，是从另一方面着眼的。生命终结之时，我的兴趣就停止了。有许多人活着都是替我做事的，他们像你样，在宗教之色下张黑色之日，在麦田中种莠草，迁就他们的欲望。如今他们要到救拔之时了，他们只能再替我多做一件事——就是悔罪微笑的死去，使我的较为胆小的从者能在信任与希望中安居。我不是一个很厉害的主人。试试我看，让我帮助你。像你从前样享取生活之乐。多享些乐，将你的臂膀张在桌上。在黑夜要来帷幕要闭的时候，我告诉你，为增进你的舒服起见，你一定会觉着和解你与良心之争以及与上帝订屈辱的合约是很容易的。我刚才就是从这样一个临死的人的家中来，那间屋中满是诚恳的悲悼者，他们谛听着他最后的话；他的脸，从前对着恻隐有如一块石头的，我当时一看，却希望的微笑了。"

"那么你就以为我也是那样一个东西吗？"马克汉问，"你以为我除了犯罪，犯罪，犯罪，到最后偷摸着上天之外，就没有再慷慨一点的志气吗？想到这里，我的火都冒上来了。这就是你对于人类的经验吗？或者是你看见我的手红着就猜测我能那样下流吗？难道是这桩杀人之罪就坏得能将善之源泉都干涸了吗？"

"谋杀在我的眼中并非独立的一类，"那一个回答，"一切罪恶都是谋杀，正与一切人生是战争一样。我看见你们这些人类，像木筏上的将近饿死的水手似的，从饥馑的手中抢过片屑之食来，并且彼此相食。我注目罪恶，不拘拘于它们的实行之时。我在一切之中都找到同一的结果，死。在我的眼中，那个为了跳舞曾用各种动人的方法来同她的母亲斗的俏丽的姑娘，她身上滴着人血，不减似你这样的一个杀人凶手。我说的我注目罪恶吗？善行我也注目的。它们的相差间不容发，它们都是备收获的死之天使用的镰刀。罪恶，我所为而生存的，所包括的不是行为而是性格。我所爱的是坏人，并非坏行为。这种坏行为的果子，要是我们能跟着它们流过时代的砰訇之瀑布，说不定比最罕见的善行的还要受天之佑呢。我所以乐意帮你逃走，并不是因为你杀死了一个店主人，只是因为你是马克汉。"

"我情愿向你说我肺腑中的话，"马克汉回答，"你看见我犯的这桩罪将是我的最后的。我将犯这罪的时候，就受了不少的教训。它的本身更是一场教训，一场重大的教训。我一直到现在，都是厌恶的被逼着做我不情愿做的事。我是贫乏的奴隶，被驱而受鞭。在这些诱惑之中，有些强健的善行能够屹然不动，我的可不能：我是一个

115

渴求享乐的人。不过今天,从这桩事中,我获得了警告与珍宝——还我本来面目的能力与还我本来面目的新决定。我在一切之中变成了一个世上的自由戏子,我开始看见我自己完全改了,这两只手成了善的工具,这颗心充满了和平。过去中有一物复临于我,安息日晚上我在教堂琴的声调中所梦的一物,读高尚之书时的流泪中所计划的一物,或天真烂漫的童年时与我母亲的谈话中所预谋的一物。那里正是我的生命。我走出了几年的正道,但是现在我又看见我的目的地了。"

"你这钱要花在证券交易所上吗?我想,"来客说,"在那里,要是我没有错的话,你已经失落了几千了。"

"嘻,"马克汉说,"不过这次我的所有却是稳的。"

"这一次你又要失落。"来客安静的回答。

"嘻,不过我将那一半留住!"马克汉叫出来。

"那个你也要失落去。"那一个说。

汗珠从马克汉的额上跳出。"好,那又怎样?"他呼出,"就说它失落了,就说我又陷入贫困,我能让我的一部分,那又是坏的一部分,一直到底驾在好的部分的上面吗?我的身中善与恶都是强有力的,它们将我向两面拉。我不仅爱一个,两个我都爱的。我可以图得大作为,克己牺牲。我虽然堕落到犯杀人之罪,我并不是不知道怜悯的。我怜悯穷人:他们受的苦还有谁比我知道得更清楚？我怜悯而帮助他们。我看重爱,我爱诚实的笑声,世上所有的善与真我没有一件不心爱的。难道只有我的罪过来领导我的生活,而我的长处却无能为力的站在一边,如同精神中一块无用的碍物吗？不是这样,善也是行为的源泉。"

但是来客举起了指头。"在你生在这世上的三十六年,"他说,"经过许多运气的变更与气性的转移,我一直看着你一步步堕落。你在十五年前听到做贼,一定会惊起来的。三年前你听到谋杀之时一定会脸白的。现在还有什么罪恶,还有什么残酷与卑下,你不愿做的吗？——五年后我保管能看见你做出那些事！下坠,下坠,是你的路。没有什么能止住你,除了死。"

"不错的。"马克汉破声的说,"我有点顺从了恶魔。不过大家都是这样:就是圣徒在生存之途中,也变得文雅减点,受了环境的感化了。"

"让我向你提出一个简单的问题,"那人说,"你回答的时候,我将替你算你道德上的八字。你在许多事中都松懈了,说不定你这样很对,无论如何,大家都是这样的。这且不提,我只问你:可在某一件事,无论多么渺小的,之中觉着自己做的不满意,或者,你在一切事中都很松懈吗？"

"某一件事?"马克汉复说,想着不觉心如刀割。"没有,"他再说,满是失望,"没有!我在一切中都堕落了。"

"那么,"来客说,"你就与现在的你相安罢,因为你是再也不会改好的。你在这座戏台上所要说的话都无可挽回的写下来了。"

马克汉好久不作一声,还是来客再破沉寂。"既然如此,"他说,"要告诉你钱财的所在吗?"

"还有慈悲的所在?"马克汉叫出来。

"你不是已经试过了吗?"那人回答,"两三年前?我不是看见你在复生会中,唱赞美诗时你的声音不是最高吗?"

"不错的,"马克汉说,"并且我也明白的看出我在天职上还有什么事要做了。我彻灵魂的感谢你的这些教训,我的眼睛开了,我到底看出我是什么来了。"

这时候门铃尖锐的声音响遍全所房子。来客,如同听到他所等候的议定的暗号似的,举止上立刻变了样子。

"店中的女佣,"他叫出来,"她回来了,正合我当初警告你的话。你现在面前又存一层难关。你应当说,她的主人病了,你应当让她进来,装出一个镇静而正经的脸——不要微笑,不要做得过火,我就保你成功!她一进来,门关上了时,你从前结果店主人的同样的本领一定令你脱出你途中这桩最后的危险。从此时起,整个晚间都是你的——

必要时,简直整个夜间——你可以在此时间内搜全所房子之中的藏镪并且设法保障你的安全。起来!"他叫出,"起来,朋友,你的命在天平中颤抖的悬着呢,起来,干事!"

马克汉镇静的观察他的谋士。"要是我被罚,只能做坏事,"他说,"还有一个自由之门是向我开着的——我能停止动作。要是我的命是一件坏东西,我能将它扔下。虽然你说得很对,我次次受了诱惑,我还能以一最后的决然举动将我自己安在一切诱惑所不可及的地方。我对于善的爱是注定了无果的,说不定这样,也就让它这样罢!不过我还是对于罪恶有憎恨的。从这种憎恨中(你看了一定大失所望),我能得到力量与勇气。"

来客的面貌开始经过一种奇异可爱的变更:他们显出一种柔和的战胜,光明而温和起来,接着就色淡消灭了。不过马克汉可没有停着来观察或了解来客的这种变形。他开了门,慢慢的下楼梯,自己想着。他的过去清醒的走过他的眼前:他看出他的过去的真形,丑恶而热狂有如一梦,散碎如一支乱弹的杂曲——一幕败北的戏。人生,经过他这么一看,再没有什么可以留恋了。不过在远处,他看出了一个等他的船的平静的水港。他在甬道上停下,向店中一望,还是蜡烛在死尸旁亮着。店中奇异的静悄。关于店主人的念头涌入他的脑中,当他站住伏看的时候,门铃又不耐的闹起来。

他在门槛上面对着女佣,脸上仿佛是微笑的样子。

"你最好去找警察罢,"他说,"我杀死了你的主人。"

——史提文生

一个穷的绅士

是客室里面,用过了席的时候。迦门夫人,大而和蔼的女东道,在她的小朋友劳林夫人身边一张椅子中歇下,叹出一句问话来:

"你觉得丁泊雷君怎样?"

"很好。只是有一点特别的罢了。"

"啊,他'是'特别,与人不同的。我们同下来以前,我本想与你谈谈,不过没得时间:我们这样的一个老朋友。我的亲爱的丈夫与他是在哈罗同过学的。最可爱,最爱人的一个人! 生在这世上,太好了,我怕。无论遇到什么事,他都是那样固执正经的。我再也不曾忘记他在我那可爱的丈夫死时的悲伤。——我正向劳林夫人谈丁泊雷君哪,亚达。"

她这话是向她的已经出了嫁的女儿说的。女儿是一个安闲而年青的人,一张和善的脸与她母亲一般,不过表情较为聪明,显出较高的有思想的恬静。

"我见他那样神色不佳,很替他难受。"魏尔夫人叙述的回答。

"他再也不曾有过血色,你知道的,并且他的生活……不过我该告诉你,"她又转向劳林夫人,"他是一个独身者,境遇舒适,并且——你肯信吗?——他一人住在伦敦一处苦的地方。是哪里,亚达?"

"益斯临屯的一条倒霉的街上。"

"是。他住在那里,我怕还是令人作呕的房屋呢——那里一定是'很'不卫生的——他只是为了要知道穷人的生活,并且帮他们的忙。这不是很英雄的事吗?他好像将他的一生都牺牲在这件事情上面了。没有人在别处碰到过他的,我看人家只见他来过我们的家里。一个高尚的生活!他再没将它提起过的。我想你在席上听他的言谈时,一定再也想不到是这样罢?"

"再不,"劳林夫人回答,她听了刚才的一些话,惊诧起来了,"他并不很喜欢说话——据他说的话看来,他对于凸花细工与外国政情最感兴趣。"

魏尔夫人笑起来了:"正是如此!我还是一个小女儿的时候,他常常用了他的凸花工的锯子给我做各种各样漂亮的东西。到我年纪大了的时候,他教我'势力平衡说'的道理。说不定,妈妈,他在报纸上做专论哪。我们可再也不会知道的。"

"亲爱的,无论什么事在丁泊雷君都是可能的。并且他在他的乡间生活之后,他一变变到这样。他在白克州有一所美丽的小屋子,离我们很近。我真正免不了他的离它是为了我丈夫的死的念头。他同迦门君是那么亲密!我的丈夫死了,我们离了白克州的时候,我们简直不见了他——啊,有个一两年。一天,我在伦敦碰巧撞到了他。亚达以为他是处于爱情的困难中呢。"

"亲爱的妈妈,"女儿插口说,"是你,不是我,说这话的。"

"是吗?得了,说不定是。一个人总免不了他是打过什么难关的念头。他将一生都给了那些可怜的人,自然说不定只是动于一念的怜悯了。一个可惊奇的人!"

男宾的声音在客室门旁响的时候,劳林夫人好奇地张望这一位怪僻的绅士。他是最后进来的。一个较中等身材为高的人,不过肩膀上很现伛偻、瘠瘦,不漂亮,步武迟疑而举止羞涩,眼睛淡灰色,表情上很柔弱的,怯懦地低着头向左右张望,眉毛不安地皱起,一线自灭的微笑摇晃于他的嘴唇之上。他的头发已经开始稀疏而转灰了,不过他的髭须很浓,倒像是一个在较严酷的面貌上的。他走进——或者说侧入——室中的时候,他的两手尽着开闭,可以引人发笑。一种并不能确称为褴褛,而毫无光泽,欠完善的衣服使他与别的男宾不同,看得亲近些,可以见到他的黑服已经是几年前的样式了。他的里衣无可指摘之处,不过他没有戴着任何宝饰,只有一颗小黑珠显现于胸前,袖上也系着同样简单的饰品。

他坐在一个角落里。他简直要外面仿佛舒服似的独自尽坐在那里了,但是魏尔夫人立刻到他的身旁一个座位上坐下。

"我盼望你不在镇上过这整个八月,丁泊雷君?"

"不!——啊不!——啊不,我看不!"

"不过你像未决似的。我看你一定需要一种变迁,请你恕我的唐突。实话,你知道的,你颇'不'是样了。你能让我邀你去吕绥恩我们那里吗?我的丈夫一定很乐意——很高兴与你谈欧洲的大局的。来与我们住两星期——务必来!"

"我亲爱的魏尔夫人,你简直是一个透顶的好人!我深烈地感激。你的最友谊的关心我真是一言难尽。真的,我简直可以说是我已经实地的——不错,简直到了那程度。"

他的声音单弱而尖锐,发音利落有如教会中人,他僵窘地做委婉之辞从这段落到那段落的时候,脸上微笑以示感激得几乎流涕了。他的长而露骨的一双手扭的指节都白了。

"好,只要你'是'离开这镇。我真怕你太多心呢。你的身体不舒服别人并不会得利,你是知道的。"

"自然不了!——哈,哈!——这我是明白的。健康是第一件应当注意的事情。防害一个人的有用于社会,是没有比一个受损的——啊,自然了,自然了!"

"你的同情心过于紧张了。这也于一人的健康有碍,不仅不卫生的空气而已。"

"不过益斯临屯并非不卫生的,我亲爱的魏尔夫人!望你相信,那处的空气时常有补身的质地呢。那个地方位置很高,你该记得的。只要我们能将私家与工厂的烟囱喷出的含毒的气减去一点的时候!——啊,请你相信,益斯临屯本来是宜于卫生的。"

在宴会未散之前,有一点音乐,丁泊雷君仿佛很欢喜它。他的头后仰,向上面呆望。音乐歇下之后,还这样望了一刻。但终于叹息一声的恢复常态了。

他离开的时候,将一件当季过于厚的大氅披上,将漆皮的鞋子纳于袋中。他的帽子是硬毡做的,顶上很高。他拿起一把折不齐的雨伞,快步地前进,仿佛向邻近的车站走去似的。不过火车并非他的目的,公共汽车也不是的。在佳妙的夜中他一直向前走着,步伐平稳,一见而知为惯于走路的人：他从诺亭门走到马白亚区，从马白亚区走到了新牛津街，又从这里取西阿百路走到判屯街，一直上，一直上，直走到了他的宜于卫生的居处的上头。午夜过了许多，他才走进了一条仄径，灰白的月光虽然显出它是不卑陋的，但也没有什么可以令人流连的地方。他开了锁，走入了一所小房子，房中间作胶质的气味。他在口袋里找到一支烛头，燃起，照着上了两层楼梯，走入一间靠后的卧室，这是一间八尺长、七尺半宽的屋子。几分钟后，他就睡着了。

八点钟醒了转来——他是听邻近敲的钟知道的——丁泊雷以不安的匆促穿起衣服来。他开了门，一个托盘放在外面了，盘中是一顿简单的早餐：半磅的牛乳、面包、牛油。九点钟的时候，他下了楼梯，在前客室门上有礼的敲了两下，室中一个生硬的声音说："请进。"那里面是一个年事稍长的男子与一女孩子，他们正在做简单的装订书籍的工作。

"早上好，先生。"丁泊雷君说着，弯下头来，"早上好，索格斯女士。天气明朗！太阳温煦！这真令人觉着多么高兴！"

他站着一直擦他的手，仿佛在一个严霜的早上似的。订书人，干燥地点一下头当作见面礼后，即刻派出一件事来给丁泊雷君做，这件事那位绅士很热烈的做下去。他正学着这门技术的初步手续。他在全天中的工作时间内忍耐的工作，并且表现出几分合格来。

这就是丁泊雷君,白克州地方的一个绅士,从前安逸而稍有身份的倚赖着稳固的投资的利息而度日的,到了如今的结果。先进哈罗,后来在康桥毕业,他想着,尽是想着应当选个什么职业,一直到了选业嫌太迟了的时候。职业既非他的迫身问题,他于是安身入一个无害于人的闲散的生活,靠着他的富裕而有声势的朋友迦门君的乡庄居住。年岁不觉的流去。他的思想有一两次转到了婚姻问题上去,但有一种深度的不自信,使他在入门第一步上就止了步。后来,他知道他是命中该独身的,也就安定下去了。要是他对于别的诱惑能看得这般透彻,那就好了!他不幸听信了迦门君,一个常谈买卖、公司与高利的人。他并不是为的他自己:他的资产是很够而有余裕的了,他是想着他的嫁给了一个背时的省律师的妹妹同她的六个孩子。他要是能在他们入社会的时候像说部中的富舅般帮助他们,那真是一件愉快的事情呵。他盲目地信任迦门君,结果是一天早上,他发觉了他已濒于破产。证实的消息一触,他就跌入陷坑中了。

　　这只有迦门君自己才晓得,他在几天之后,因此急得一病几死。迦门君自己的产业只受了少许的影响,不像他朋友那样完全倾覆,这件事丁泊雷君没有向迦门君的孀妇露过一字,别的人前他也没有提过,除了他的律师,替他安静的将事情料理妥帖的律师,以及他的妹子,孩子们不能再得舅父的帮助的妹子。他的友谊的邻家在迦门君死去后便迁开了,接着他也安静的不见了。

  这位穷绅士当时已经四十岁了。他还余下一笔款子,不敢用的:要是将它投资,所得的收入连一个工人的生活都支持不了。唯一可能的住处——唯一安全的藏身处——是伦敦,丁泊雷君也就往伦敦。他的以最低限度的入款与饥饿相决斗的本事,并非立刻学会的。他在入手,磨炼之中,有一次为饥饿与侮辱所迫,他只得降下一点身份,写信给一个熟人,恳请他的指教与间接的帮助。不过只有处丁泊雷君地位的人才知道无论多么好的教言都是空虚,无论多大度的奥援都是无力的。他要是求金钱上的帮助,他一定会接到一张支票与一些表同情的话,不过丁泊雷君再也不会到那种田地。

  他试以从前的娱乐——凸花工——求利,也有一部分的成功:就是半年中赚到半镑的钱。不过在他渺小的收入上加上个一年一镑的指望,并不能将他兴奋起来。

  他在此时间内自然是绝对的孤居了。穷乏是伟大的隐者——除非一个人生下来就是那样。那种时候,一个敏感的人觉到不与他向来的平辈的人再处于一水平线上了,于是缩入孤寂,并且有点惊诧的觉得,人家是很愿意忘记他的。伦敦地方遁世者是很多的——或出自动,或是被迫。漫游于街头上或公园中,或者消遣于不须缴费的博物馆里的时候,丁泊雷君常常发现与他同遁的兄弟们。他明白与他眼睛相遇的偷窃的瞥视，他看出瘦削的面貌，他了然而同情的发觉敝旧的绅士衣服。这些隐避的人之间没有交换过真情的话。他们倒想开口，可是身份将他们的喉咙梗住了。他们各人走他自己的沉默而无视的路，一直到了侥幸而入了医院或者贫民院的时候，舌头才松了，辛苦的心中才溢出了它对于世间的责备来。

在这种地位的人，才能获得奇异的见识。他学会许多可惊的节省方法，他在一人只需很少的钱即可支持生活的最后的发现之中觉着一种自傲。往常的时候，丁泊雷君说是"一人"少了某数的收入是不能过活的，如今他发觉"一人"只要几个铜币一天就够了。他明白了要买的东西的价钱，知道了食物的相对价值了。一个时势造成的蔬食者，他发觉了素菜是于他的健康有益的，他因之对他自己做过了多次的轻蔑那些肉食人的习惯的演讲。他又是一个时势造成的戒酒者，他真渴望一天能在禁酒会的讲坛上倾吐他的证见。这些是他的满足，惊异的将许多自重的损失都补偿了。

不过凑巧在一天里他正从英国银行中提他可怜的渺小的季息的时候，一位夫人看见了他，并且是认识他的。就是迦门夫人。

"呀，丁泊雷君，这一晌你怎样了？我为什么没有接到你一点消息？难道真像有人告诉我的，你'是'去了外国？"

他忙乱的因而机械的反应迦门夫人最后两个字："外国。"

"不过为什么你不给我们信呢?"迦门夫人忙说下去,使他无暇多说,"多么不客气!你为什么一声不提的就去了呢?我的女儿说我们一定是无意中在什么事上得罪了你。务必请你说出!想必总不会有什么——"

"我亲爱的迦门夫人,都是我的错处。我……很难说出的,有一大堆的细目哪。我求你将我的不可辩的行为看作——看作完全出于我的癖性。"

"啊,你一定要来看我。你知道亚达已经出了嫁吗?是的,差不多一年了。她再可以见你,她要怎样的欢喜呵。她想起你的时候真多得很哪。你什么时候能够来我们家里用饭?明天?"

"欢喜的——十分欢喜的。"

"那真畅快得很!"

她告诉她的住址,两人分手了。

丁泊雷君这时候还当心的留着一身礼服与相称的漆皮的鞋子,可见得他再进他往日的社会的希望还没有完全消灭。有许多次,他大受动摇,想将这些外表看来是无用的东西献去。不止一次,他在吃紧的季终的时候,将衣服质当过几先令。但是将一个绅士的最高象征舍去了,那只有失望到极点的人才做得到——勇敢出于被动的丁泊雷君还不是那种人。他的宝饰,就是表与表链,都早已去了。这些虚饰并非一个绅士的装束所必不可少的东西。如今他是庆幸自己小心的好处了,因为他这次与迦门夫人的相会,虽然使他僵窘,但同时也使他畅快。他脑里回萦着有与体面的人周旋一晚的指望时,心花都怒放了。他赶紧回了家。他以不安的细心察看他的礼服,并没有找出了什么大错处来。一件衬衫,一圈硬领,一条领带,是得买的。侥幸他倒有这笔款子。不过他要怎样解释自己呢?他能认出他的住处,他的惊人的穷困吗?他这样认出时,直与向他的旧友恳求同情无异,想到这里,他不觉恐怖得退缩了。一个绅士在可以避免的时候,是不可以宣白能够引起痛苦的往事的。那么他应该直接或者间接说一个谎吗?说真话就是对于迦门君有责言——这是他所不愿的。

他踌躇着这件事,直到第二天晚上他到了迦门夫人家中的时候,心里还是没有决定。客室中有三个人候着他,女东道与伊的女儿女婿——魏尔君及魏尔夫人。他们接待他的殷勤,使他几乎落下泪来。为多种的情感所乱,他失了他的自制力了。他信口开河的话无异一篇奇异的说部,他说完的时候自己几不敢信是自己说的。

这说部是从他们自然的问他住在哪里时他回答起头的。

"如今,"他呆子般微笑,"我住在益斯临屯上头一条街上一间房子,兼做卧室书房之用。"

听到了话,那三人的嘴钳起来了,惊奇的眼睛向他看来。要不是这些眼睛,谁晓得丁泊雷君当时要吐露出些什么话来呢?不过事实……

"我从前向你说过,迦门夫人,我是得自认一种癖性的。我希望它不会使你生憎就好了。简单一句话,我将我的一点微力舍在社会事业之上了。我与穷苦的人同住,与他们混为一体,庶几可以得到无他法可以得到的智识。"

"啊,多么高尚呀!"女东道喊了出来。

这位穷绅士的良心上大受一下打击。他不能再说什么话了。使他不至于再受窘,他的友人们将话题改了。这时候以及后来,对于他所说的话真实与否的怀疑再没有入过他们的脑中。迦门夫人前次看见了他去英国银行,一个不表示穷困的地方。并且他是一直受人推为一个有特别的见解与行径的人。因此,丁泊雷君陷入了一句异常的谎语,别人不易于发现,只有说谎人自身内心的不安。

从这时起,差不多一年的工夫过去了。丁泊雷君与他的友人会了五六回的面,他周旋于他们之间的时候愉快的很,不过在有少许提到他的生活状态的时候,就不安起来了。逐渐的,大家都知道了他是一个常做无名的善人的主张的人,因之他也很少用得着再说什么直接的新谎了。他自然是很后悔他的原来的诳语了,因为迦门夫人,一个富妇,是说不定可以助他找到一定不损身份的谋生之路的。不过事实已成,他因之就想从事于尚合脾胃的书籍装订的营业了。他在一个订书人的房子里已经住了几个月了。一天,他提起了勇气,与他的房东订好了一个契约,言明,房东教他,他在学会之后替房东做一限定时期内的义务工作。他如今是要到那时期了。全盘算来,他现在比从前的无事而胡思乱想的时期是幸福多了。他盼望着他口袋里存点钱,不至于再怕每季的末两个星期常常没有晚饭吃的日子的来临。

魏尔夫人邀他去吕绥恩的约会不知引起了他许多次的痛心呢。吕绥恩!自然是在他的往日,他才将畅快的假日看作当然之事了。他想起了他所知道的许多可爱的地方与许多如梦的风景。伦敦的街道使它们变成了说不出的辽远,完全的不实。他这三年郁结与艰难的生活真比以前的平静与安足的生活长得多呢。吕绥恩!一个脾性较他活泼的人想到这里一定要疯了,但是丁泊雷君一天到晚的想着他,情绪只是偶尔在一声微叹,或者一个充满了悲哀的渴望的微笑之中流露出来。

昨天用的饭是那么好,他觉着今天的餐费较往常减少是他的天职了。晚上八点钟的时候,举行过了他所极为称赞的助人默想的露天散步之后,他走进了他平常做惯了小生意的店中。柜台后一个胖妇人向他熟识的点头,同时向别的一主顾露齿的一笑,丁泊雷君鞠躬下去,他惯是这样多礼的。

"费心拿给我,"他说,"一个新下的蛋,同一棵小而脆的莴苣。"

"今晚只要一个呃?"妇人说。

"谢谢,只要一个。"他回答,如在一间客厅里说话,"宽恕我,许我表示出我的希望,蛋,严格的说来是要新下的。上次的一个,我猜,是大意的人了那个筐子里——这在生意忙时是很可原谅的。"

"它们总是那样,"肥胖的店主说,"我们是不会做那种错事的。"

"呀!请宽恕我。说不定我是想象——"

鸡蛋与莴苣都小心的放进了他带来的手袋中,他回家去了。一点钟后,他的晚饭吃完了,他坐在一张直背的椅子上,在黄昏中幻想的时候,门上敲了一响,一封信递入了他的手中。丁泊雷君这时候是很少接信的,他拿起这封信来看时,手都抖起来了。信拆开后,最先入他眼帘的是一张支票。这个更将他兴奋起来。他在心神震动中将信纸展了开来。这是魏尔夫人寄来的,她这样说:

"我亲爱的丁泊雷君——在昨天晚上我们的谈话后,我不自觉的时时想到你与你的美的牺牲的生活。我将这些穷人的命运与我自己的一比,心中真觉着享乐过甚太幸福了。这些念头的结果,是我心中觉着不得不对于你的善事有一点小输助——犹如在出发享受一个幸福的暇日的时候的一种感恩礼节。请将这一点钱分派给两三个你的最值得施与的苦人,或者,你以为适当时,就将它给一个人罢。我极其盼望我们能在吕绥恩会到你。——顺颂近来安好。"

支票是五镑的。丁泊雷君将它举到窗上,呆望着。就他现在的价值标准看来,五镑算是一笔大款子了。只要想一想,有了它时能做什么罢!他的靴子——已经补了两回——再着时是要有碍体面的了。他的裤子已经入了可以入眼的最后期。他戴的帽子(他看护的多么经心!)还是他三年前来伦敦时戴的那顶。他诚然自顶至踵需要更新,因益斯临屯地方,五镑是开销这一切用款还要有余的呢。什么时候,请问,他还能够再有这样一笔钱来供他自由的消耗呢?

他深深的叹气,呆望入四周的黑暗中。

支票上横画过了。这是有生以来的第一次,丁泊雷君看出了横画过的支票是能大困其收受者的。他怎样能将它兑换出现钱来呢?他知道他的房东是一个多疑的守财奴,要是受了他的拒绝,同时又要受一眼只有索格斯君才会的注视,那简直无异于一场痛心的失体面的事。又有一层,索格斯君的自身对于支票能否用得出去一层,还是一个疑问。他还有哪个可以找呢?简直一个伦敦人都没有。得了,第一件该做的事是回魏尔夫人的信呀。他燃着了灯,在颓旧的小杉木桌边坐下。不过他的笔插入了墨水中几次了,还没有想起应该怎样措辞。

"亲爱的魏尔夫人——"

接着停歇久久,如他已入睡了。抖了一下,他又向桌子弯下身去。

"接到你最慈善慷慨的惠贶,心中是真感激。款子……"他的手又停了几分钟。

"将如你的意思用出,然后再详告你所发生的恩泽。"

他从前没有做过这么难的文章,他觉出他说得太不成样了。他的脑子里简直是竖起了一堵墙。他写完这封信,不知费了他多大的气力。大功告成的时候,他出门在一个烟店买了邮票,将信投入邮筒。

这天晚上丁泊雷君的睡神可不很安稳了。他在床上躺下的时候,他心里纳罕,在什么地方能够找到可以受这恩惠的穷人。魏尔夫人心目中的那种人他自然是一个也不认识的了。就一方面讲来,邻近四处的人家诚然都是穷的,不过——他自己动问——他们眼中的贫穷,与他自己眼中的,有同样的意义吗?这条污秽的街道上,难道有一个男子,或者妇人,同他比较起来,能有称为贫乏的权利吗?一个受了教育的人,为势所迫,与低级人杂处之时,得到了些关于他们的最有趣的结论。一个久踞于丁泊雷脑中的结论,就是这些阶级的"受苦",大为用了一个不适宜的标准的局外人所夸大。他在他的四周只看见粗劣的娱乐、安足的劳苦,以及似兽的淡漠。他简直觉着这一带地方觉到穷乏而受到它的苦的人,十成中有九成,只是他自己。

在噩梦般的假寐中,他周身一震,是一个明灼的念头,一个回想,穿过他脑中了。他自安逸与体面堕入贫困,他受了这么久的苦,是为了谁呢？为了魏尔夫人的父亲，那么，从这观点看来，这张五镑的支票不可以算作赔偿吗？不可以严格的供自己的耗用吗？

在半意识状态中忽然从罅隙射出了一个奇异的念头。要是魏尔夫人是"一个有见识的女子"，对于他的真情生了疑心，或是已经发觉了呢？要是她私下的意思，这钱是给"他"自己用的呢？

最早的阳光使此念头现为不实，不过他方面，它也将他的迦门君是确实的曾经负他的念头巩固了。他从床上跳起，伸出手去拿过支票来，握于手中的，在床上躺了一点钟。一点钟过后，他机械的起了床，穿起衣来。

日间的工作完了后，他徘徊于一条大店罗列的街道上。一个靴店引起他的注意。他在橱窗前站立了许久，尽将口袋里一块金镑打转身——这是他股息领出的日子以前支持他的生活的现款中很大的部分。他终于跨进了门槛。

再没有买一双靴子的人比他再不小心的了。他的交易是在一个梦里做成的。他说话，但不知道自己说了些什么。他呆望货物，但不知道它们是什么样子。结果是，他腋下挟着他的适舒的旧鞋回了家的时候，才发觉他的新鞋十分的夹脚。它们又唧喳的响：天哪！它们怎样的唧喳的响！不过新鞋都确然有这些毛病的。他是好久没有买过新鞋的了。事实是，他觉着疲倦到极点，一点精神也没有了。吃了一口晚饭之后,他上床睡了。

整夜之内,他与他的新鞋宣战。两脚疼痛着,他在一个鬼城中的街道上跛着脚走,转一个弯时,就碰到一个狙伏的人,并且每次这伺他的人除了魏尔夫人外更非别个。她轻蔑的注视着他,让他蹒跚的歪过去。靴子的唧喳声响变成了人声了,它不断的向他叫一个可怖的名字。他退缩、颤抖,而发哼。不过他还是前进,因为他的手里拿着一张横画过的支票,别人叫他将它兑了现,但没有人肯与他兑换的。怎样的一个夜间!

他醒转的时候,他的头像铅一般的重,不过他的思路却很清楚。请问,他既明白他的手头不宽裕,却去疯人般用了那许多钱买了一双新的(并且坏到十分的)靴子,那是什么意思?他的那双旧的,无论如何,总是可以穿到冬初的。他进店的时候,心里是个什么念头?他难道是指望……垂怜的上天!

丁泊雷君并不是多好的一个心理学家。不过忽然间他可怕的明白看出,他如今正在过一道德上的难关。它在贫困问题上又给他多增加了一样智识。

紧在早餐之后,他下了楼,敲索格斯君的书房门。

"什么事?"订书人问,他正吃着第四块大的咸肉,说话时嘴里还满含着。

"先生,请准我今天早上告一两点钟的假。有点要紧的事亟待解决。"

索格斯君的回答与他的同行们一样漂亮:"我看你要怎样,就可以怎样。钱是照扣的。"

那一个鞠了躬,退出去了。

两天后他又写一封信给魏尔夫人。信的内容如下:

从前惠寄的款子,我已经写过了照收的回信的,如今施散去了。为确实它的正当用途起见,我将那张支票交给了邻近一个教士,并加上了清楚的说明。他极为尽心,将受惠的人名都在一张纸上记了下来,这张名单在这封信里附上,想必你看了也觉着满意愉悦的。

不过为什么,你要问了,我将这件事托给一个教士呢?为什么我不自己做这件事,使自己得到救助与我有私人关系的可怜人的愉快——我,将我的生活专注在慈善事业上的人?

回答简单而明白,我是向你撒了谎。

我并"不"是自动的来这地方住的。我也"不"是专神于施舍上的。我仅仅是——不,不,我从前仅仅是——一个穷的绅士,一个某天知道了他的资财耗尽于愚笨的投机上的人,一个羞将真话告诉他的朋友而遁入了穷苦微贱的生活的人。你知道,我这样,在不幸上又加上了羞辱了。我不愿意告诉你,我几乎又做出一件更堕落的事呢。

我如今在一行手艺里拜师父,我相信我将来能在我的薄的储蓄上有点增加,使我可以较这一些时以来的境况好些。我恳求你宽恕了我,要是能够的话,并且从此忘去。

不够与你做朋友的丁泊雷

——吉辛

猴　　爪

一

门外是冷而潮湿的夜,但在雷南别墅的客室内,窗帘却卷下了,壁火熊熊的燃着。父亲和儿子正在下棋。父亲下棋时胆子极大,他有时把他的国王放入危险而并非必要的位置,惹得在火旁坐着安静的打袜子的白发老太婆都忍不住要说他几句闲话。

"听外面的风。"怀特先生说,他因为适才下错一脚子,追悔已经不及，想用别的话岔开，教他的令郎不要看出。

"我听着哪。"少年说着，两眼盯在棋盘上，伸出他的右手去，"擒王。"

"我想他今晚多半不会来。"父亲说时，一手遮在棋盘上面。

"擒王。"儿子回答。

"这便是住在背处的报应，"怀特先生忽然出乎意料的暴叫起来，"别处无论是怎样的龌龊、泥泞、僻静，也比不上这处。小路上是泥，大路上是水。我猜不出他们是怎么一个心思。我看他们是以为这路上只有两所房子出租，于是敷衍下去了。"

"不必着急，"他的妻子安慰他道，"下一盘你说不定会赢。"

怀特先生抬起两眼，正看见母子之间会意的彼此相瞟。他的话想说又吞了回去，心虚的傻笑被稀薄的苍须遮盖过去了。

"他来了。"赫伯忒听到大门关闭之声以及向客室走近的沉重的脚步声的时候说。

父亲连忙起身去接客，开门之时，可以听得到他用话宽慰来客的声音。来客也自己宽慰自己，所以怀特夫人在她丈夫进来的时候，轻轻咳嗽两声，并且做吓声叫赫伯忒不要响。来客身材高大，眼圆而明，脸作肝色。

"副官摩里斯。"怀特先生向他妻子介绍道。

常礼之后，随主妇的指点在火旁坐下，由着主人去取酒与酒杯，将一个小铜壶放在火上，他只是安适的坐着不动。

三杯之后，他的眼睛更加光亮起来，他开始叙说他的往事。这一家三口子都感觉兴趣的注视着这来自远方的客人，看他在椅上张开双肩，听他谈说异地的景物、英武的事迹，以及战争、疠疫、异域的人。

"整整这样过了二十一年，"怀特先生向他的家人点着头说，"他去的时候，是堆栈里的一个小伙子。现在你看他变成怎样了。"

"他不像受苦很大似的。"怀特夫人客气的道。

"我也想去印度，"老头子说，"去见见世面，你晓得。"

"家里住着最好。"副官摇着头说。他放下酒杯，轻轻的叹气之后，又摇他的头。

"我真想去看看那里的古庙、行脚僧和变把戏的人，"老头子说，"你那天不是想告诉我一件关于不知是猴爪还是什么的新闻吗，摩里斯？"

"没有什么，"军官连忙说，"至少，没有什么值得一听。"

"猴爪？"怀特夫人好奇的说。

"唔，那说不定可以叫作一种魔法。"副官脱口而出道。

三个听的人都倾身向前，急欲知道究竟。来客出神地将空杯端起放上唇边，又放下了。主人代他筛满了酒。

"外面看来,"副官说着,在衣袋中摸索,"它也不过是一个寻常的小爪,里外焦干的。"

他从袋里拿出一件东西来,伸手送过。怀特夫人缩退身子,脸上抽挛了一下,她的儿子却把它接过来,纳罕的细瞧它。

"那么它到底有何特色呢?"怀特先生从他儿子手中拿过,细望过一番,把它放上了桌子的时候问道。

"一个老行脚僧将它施上了魔法,"副官说道,"这行脚僧是很有道行的。他想指点出是命运主宰着凡人的一生,凡是抵抗命运的人都是得不到好结局的。他把它施上了魔法,让三个人每人可以向它要三件东西。"

他说话的口气极其郑重,使得听他的人都觉得他们的开心的笑声是不合宜的。

"唔,你为何不要三件呢,先生?"赫伯忒伶俐的说。

军官看他一眼,正像一班中年人看狂妄的少年那种看法。"我要过了。"他镇静的说出,同时他的雀斑的脸苍白了。

"你真的要到了你所要的三件东西?"怀特夫人问他。

"我要到了。"副官说时,酒杯在牙齿上响动起来。

"别人要过没有?"老太太追问。

"第一个人要到了三件东西,是的,"来客回答,"我不知道他头两个要的什么,第三个他却是要的死。便是如此,这猴爪到了我手中。"

他的腔调庄重得很,听的人屏气无声。

"要是你已经要过了你的三件东西,那么它如今对你已是废物了,摩里斯,"停了一刻之后老头子这样说,"你为何还把它留着呢?"

军官摇他的头。"为着癖性的缘故,我想,"他迟缓的说,"我从前曾经动过念头想把它卖掉,但是我想以后绝不会再动这种念头了。它已经陷害了许多的人了。并且也没有人肯买。他们有些说这是凭空杜撰的话,还有些,虽然对它起过念头,也是要先试后付价钱。"

"要是你能再要三件东西,"老头一面说着,一面拿眼睛盯着他,"你会再要吗?"

"说不定,"来客道,"说不定。"

他拿起爪子来,用食指和拇指擎着玩耍,忽然间,把它扔进了火中。怀特脱口叫出一声,低下身子,把它从火里抢了出来。

"最好把它烧了。"军官郑重的说。

"倘若你不要它,摩里斯,"老头子说,"给我好了。"

"我不,"他的朋友固执的说道,"我把它扔进了火里。要是你留着它,发生了什么变故,可不能怪我。放明白点,把它再摔进火里。"

怀特摇摇他的头,把他的获品拿起来细看。"你是怎么要的?"他问。

"用右手把它举起,高声要你所要的东西。"

回答:"但是我在这里警告你,结果是绝不会好的。"

"听来好像天方夜谭里的故事,"怀特夫人站起身来预备晚餐的时候说,"你看你不能替我要四双手吗?"

她的丈夫把法宝从袋内取出,他们一家三口看见副官脸色慌张的把他的右臂挽住,不觉齐声大笑起来。

"你倘若一定想要,"他粗声的说道,"可以要一件近理一点的东西。"

怀特先生把它重新放入袋中,他挪好椅子,用手邀他的朋友上桌吃饭。杯盘之间,他们把猴爪忘了一些,饭后,一家三口又都忘了形的坐着,听军官讲他在印度的遭历。

"倘若他所说的关于那猴爪的话并不比他的别的话来得可靠,"赫伯忒在他们的客人告辞出去赶最末的一班车的时候说道,"那时我们便将无所获得。"

"你给了他什么钱没有,父亲?"怀特夫人问时,把她的丈夫仔细察看。

"不多,"他说着,脸泛微晕,"他本不肯要,是我一定叫他收下的。他那时又劝我们把它扔掉。"

"真的。"赫伯忒说时,假装出恐怖的模样,"哼,我们不久就要富了,出名了,幸福了,第一,你可以要做一个皇帝,父亲,因为那时你就可以不怕老婆了。"

他绕着桌子团团的跑,躲避他的笑骂,他的手中扬着椅垫要打他的母亲。

怀特先生自袋中取出猴爪来,犹豫的望着它。"我不知道要什么才好,这是实话,"他迟缓的说,"我好像已经有了我所需要的一切了。"

"要是把买这所房子的时候欠的钱付清了,你就福气十全了,不是吗?"赫伯忒把手抚着父亲的肩膀说,"唔,要二百镑,那么,欠款就刚好付清。"

他的父亲不好意思的自笑自己的易信,他把法宝举起,他的儿子同时满面正气的在钢琴旁边坐下,弹了几下庄重的琴声——虽然一面在向他的母亲眨眼。

"我要二百镑。"老头子清晰的说出。

话才说完,钢琴上当的大响一声,同时父亲锐声大叫一下,令人听着毛骨悚然。妻与子跑来他的身边。

"它居然活动起来了,"他叫道,一面厌恶的向掉在地上的爪子瞧着,"我要的时候,它像蛇一样的在我手中扭起来。"

"唔,钱我还没有看见,"儿子说着把它从地面拾起放在桌上,"我敢打赌我再也不会看见那钱。"

"那恐怕是你一时错乱认错了,父亲。"他的妻子担心的望着他说。

他摇头:"不必愁了,并不曾出什么岔子。但是我到底唬了一跳。"

他们又在火旁坐下,直到父子把烟吸完的时候。屋外,风声愈加厉害,老头子听到楼上的一间房门砰的关上,吓得跳起身来。三人之间侵入一种异样的阴郁的沉默。隔了些时候,一对老夫妻便归房安息了。

"我想那钱你们一定曾看见装扎在一个口袋之内放在你们的床的正中,"赫伯忒在向他们问候晚安的时候说,"并且有一怪物蹲在衣柜顶上看着你们收捡起那不正当的外快。"

二

次晨,冬日光明的照着,照在早餐桌上,赫伯忒不觉笑起他昨晚的畏惧来。室中熙熙融融,与昨夜迥乎悬异,那肮脏的干瘪的猴爪随便的扔在碗橱之上,可见这家的人并不相信它有什么真的法力。

"我想一班老在军营的人都是这样的,"怀特夫人说,"不料我们当时居然信了他!现今的时代哪里发生得了这种事情呢?就说能够,二百镑的钱又哪会叫你受损害呢?"

"说不定会从天空掉上他的头。"涎皮的赫伯忒说。

"摩里斯说是它们来的时候自然不过,"他的父亲道,"简直可以让不相信的人说得这完全是事情凑巧印合上的。"

"唔,在我回来以前,可不要挪动那钱。"赫伯忒起身离桌的时候开着玩笑道,"我很怕它会把你改变成一个无出息的吝啬鬼,那时我们便不得声明驱逐了。"

他的母亲笑起来,跟了他走到门前,望着他走得不见了,又转身来到早餐桌旁,尽拿她的丈夫的易信人骗的话头开玩笑。她一面这样开着玩笑,一面在邮差敲门的时候连忙跑去接信,接到信一看是裁缝店催账之后,又说了一些关于好酒的退职军官的闲话。

"我敢说,赫伯忒回家之时,一定还有许多笑话。"她与丈夫坐下吃午饭的时候说。

"我敢说,"怀特先生回答着,倒出一杯啤酒,"不过无论如何,那东西实在是在我掌中扭了的,这我可以赌咒。"

"你以为它扭了。"老太太慰藉他道。

"我说,它真扭了。"怀特先生辩白道,"并不是以为,我那刻正——怎么了?"

他的妻子不答。她正在伺察着门外一个人的古怪的行动,他犹豫的觑着这家屋子,好像正在心中打定主意预备进来。她心中想起了那二百镑的钱,看见这门外的人正是衣裳整洁,戴着崭新的礼帽。有三次他已经在门口停下,但是又走开了。到了第四次他把手放上门钮,忽的下个决心,将它打开,走进来了。同时,怀特夫人将手放去身后,匆忙的解下围巾的带子,把它塞进椅垫之下。

她把客人引入了室中。他仿佛不知措手足似的。他偷着眼看怀特夫人,魂不守舍的听她圆说室中何以如此凌乱,她的丈夫何以穿着那件平常在园里才穿的衣服。说完之后,她便静候着他开话端。但是他一声不响,令她等得不耐烦起来。

"我——是被派来登门奉访的,"他到底开口了,说着,低下头去,从胯上捡去一条棉花,"我在摩麦公司。"

老太太惊了起来。"出了什么事吗?"她屏了气问道,"赫伯式遇了什么意外吗?到底是什么?到底是什么?"

她的丈夫插进口去。"得了,得了,母亲,"他忙道,"坐下,不要想得这么厉害。你一定不曾带什么不好的消息来,我敢说,先生。"他指望的瞟着来客。

"我很抱歉——"客人正想讲话。

"他受伤了吗?"母亲问。

来客点头默认。"受了重伤,"他镇静的说,"但他如今已过了痛苦的时期了。"

"啊,谢天!"老太太合了掌说,"这真谢天地!谢!"

她忽然悟出这句话是充满了不吉利的意义,她看见来客将脸偏过一旁,更觉所疑是实。她抽了一口气,向她的仍在蒙眬中的丈夫转过身来,把她的颤抖的干枯的手放在他的手上。隔了多时,室中悄然无声。

"他是卷入机器了。"来客终究低声的说出。

"卷入机器了?"怀特先生复说着,有如丧了魂魄似的。

"是的。"

他向窗子呆默望着,他拿起他妻子的手来放在他的掌中握着,好像四十年前他们还是一对情人的时候一样。

"他是我们的仅存的孩子。"他说时柔和的向客人转过身去,"我们太命苦了。"

客人咳嗽着,站起身,向窗子走去。"公司叫我来表示对于府上这种重大的不幸的同情,"他说着,并不转过脸来,"我请你们念及我不过是公司雇用的人,他们的吩咐我只好照办。"

没有回答。老太太的脸白了,她的眼睛呆滞地圆睁着,她的呼吸寂然不闻。她的丈夫的脸上流露着一种表情,好像他的朋友那副官头次上战阵时所会有的。

"我刚才正想讲摩麦公司对于此事是不负责任的,"来客说,"他

151

们说这事的责任不在他们身上,不过他们念到令郎的尽职,所以预备奉送一笔款项作为补报。"

怀特先生放下了他妻子的手,站起身来,眼中充满恐怖的向来客望着。他的干燥的嘴唇撮成一句话:"多少?"

回答:"二百镑。"

老头子简直不曾听到他妻子的尖呼,他面泛苦笑,瞎子一般的把两臂伸出,倒下了地面,一点知觉都没有。

三

在两里外新建的大墓园中,这一对老夫妻埋葬下了他们的儿子。他们回到充满了阴暗与沉默的家中。事情完结得真快,使得他们一起简直不信这事曾经发生过,他们还像等着什么别的事情发生似的——因为这不虞之祸实在太重了,他们年纪这么老了,实在受不起。

时间如驶的过去,他们是完全绝望了——这种绝望要是给不同情的人看起来,还曾说是麻木不仁呢。他们有时许久不彼此讲一句话,因为他们现在无话可讲了。他们度日如年的一天天挨过去。

一礼拜以后,有一个夜中,老头子忽然惊醒,他伸出手去,觉出了只有他一人在床上。室中完全黑暗,从窗侧送来低抑的泣声。他坐起身来,细听。

"上床来,"他柔和的说,"你怕冷了。"

"儿在地上更冷呀。"老太太说着,又哭起来。

她抽噎的声音在他耳边渐渐模糊起来。床上是温暖的,他的眼皮又重得很。他起初时睡时醒,后来才睡着了,但是在梦中他忽的被他妻子疯狂的叫唤惊醒过来。

"猴爪!"她疯狂的喊,"猴爪!"

他大吃一惊的跳起来:"哪里?在哪里?怎样了?"

她左撞右碰的走来床边。"我要它,"她镇静的说,"你没有把它毁了吧?"

"在客室里,墙板上。"他纳罕的说。

"为什么?"

她连笑带哭地,弯下身来,吻他的脸。

"我如今才想到,"她疯狂的说,"从前我为什么不曾想到呢?你何以也没有想到呢?"

"想到什么?"他问。

"你还可以要两件东西,"她忙道,"你才要了一件。"

"这一件不已经够受了吗?"他粗暴的发问。

"不,"她趾高气扬的说,"我们可以还要一件。下楼去,快点把它拿来,我们可以要我们的孩儿再生。"

丈夫翻起身来坐在床上,掀开被褥,四肢颤抖不已。"好天哪,你疯了!"他惊呼。

"去找来,"她喘气道,"快点去找来,要——啊,我的儿呀,我的儿呀!"

她的丈夫划燃一根火柴,点亮蜡烛。"上床去,"他颤声的说,"你自己不知道你说的是什么话。"

"我们第一件要到了,"老太太焦渴的说,"为什么第二件不能要到呢?"

"那是凑巧印合的。"老头子结舌道。

"去,找来,要!"老太太叫着,把他拖去了门旁。

他从暗中摸索下楼,进了客室,走近壁炉的顶板旁。法宝还在原处。他忽的想起,他的血肉模糊的儿子万一随了他的尚未出口的要求而显现在他的面前,使他没有工夫可以逃脱,不觉出了一身冷汗。偏偏在慌张之中,他又把门的方向忘记了,他吓得气都喘不过来。满额的冷汗,他摸着桌子走路,又沿了墙壁一直摸到那狭窄的甬道,猴爪在他的掌中紧握着。

他进房之时,看到他妻子的脸色都像是变了。她面容苍白,充满了企望,他从恐惧中看去,好像她脸上有一种异常的表情似的。他怕她。

"要呀！"她粗声的叫出。

"那是愚蠢而罪恶的事情。"他嗫嚅道。

"要呀！"他的妻子复说。

他举起手来："我要我的儿子复活。"

法宝掉落在地上，他望着它打寒噤。他身子抖着倒入椅中。她眼睛火烧一般的走去窗侧，卷起窗帘。

他仅是坐着。直到寒气将他冻得冰冷，他偶然看看那向窗外注视的老太婆。烛头已燃到瓷烛台的边缘之下，烛影在天花板与墙壁上颤摇着，直至猛然的一闪，它便熄了。老头子看见法宝不灵，心中说不出的松动，他便重复上床去睡。不多一刻，老太婆也沉默的麻木的来了他的身边。

两人都不作声，默然听着钟的嘀嗒。梯板有一处裂响，一个唧唧的老鼠在墙里跑过。黑暗沉闷得很，老头子躺了一时振作起他的胆子，终于拿起一盒火柴划燃一根，下楼去寻找一支蜡烛。

在楼梯脚下，火柴熄了，他停下身另划一根，在这时候他听到大门上有人在轻轻的偷偷的敲。

火柴匣从他手中掉下。他站着不动，屏着气听第二声敲门。听到之后，他立刻掉转身来，跑去卧房，把门紧紧关起。第三声敲门全所屋

155

子都听到了。

"那是什么?"老太婆跳起身来叫喊。

"老鼠,"老头子颤了声道,"老鼠。我上梯时看见的。"

他的妻子坐在床上静听。又一声敲门,响得震动全屋。

"是赫伯忒!"她锐呼,"是赫伯忒!"

她跑去门边,但是她的丈夫早到一步,他紧握着她的臂膀,不肯放松。

"你要怎样?"他粗声的低语。

"是我儿回来了,是赫伯忒回来了!"她嚷着,机械的挣扎,"我当时忘却还有两哩路呢。你为什么绊住我?放松,我一定要去开门。"

"天哪,切不要放它进门。"老头子颤抖着说。

"你居然怕自己生的儿子了,"她挣扎着,嚷道,"放开我。我来了,赫伯忒,我来了。"

又一声敲门,又一声。老太婆猛然一下挣脱,跑出了卧房。她的丈夫跟到了梯边,他见她飞跑下楼梯,哀恳的叫她不要去开门。他听到大门的铁链哗啦作响,下面的那根门闩洞里迟缓的硬直的抽出。接着是老太婆的焦急的吁喘的口音。

"上面那闩,"她高叫,"下楼!我够不到它。"

她的丈夫如今正在匍匐着忙在地上找那猴爪。要是他能在那东西不曾进门以前找到爪子,那就好了。如今连三接四的敲门声响动全屋,他同时听到一张椅子在地面擦着,这便是他的妻子把它在门道里沿门放下了。他听到上面那门闩迟缓抽出的声音,同时他也找到了猴爪,他便疯狂的要了他的第三件最后的东西。

敲门声忽然停止了,虽然以前的回声仍然可以听到。他听见椅子拉去后面,大门开了,一阵冷风刮上楼梯,他的妻子失望的痛苦的大叫一声,他连忙跑下楼梯来到她身边,接着奔去大门口张望。对面的街灯晃光在一条静悄无人的路上。

——雅考布斯

楼梯上

这所房子也曾经住过体面的人家的。从前的时候,东隅这区地方的生意发达,修船店与营筑铺的主人都在这他们铺号所在的地方居住,不把它看作丢脸的事。这所房屋从前正是住过这样的一个人家。它是一所高大结实而丑陋的房子,木头上满是灰污,油漆已脱,窗棂的玻璃破了,许多处用纸补起,大门是一天到晚的敞着,女人们坐在楼梯上,絮语着疾病、死人以及物价,楼梯上或甬道中原有洼洞的,都被泥土填起了,人一不小心,便把脚撇了。也难怪,八家人家共住一所房屋,自然谁也不去买门垫,并且房屋外的街道又是泥泞一类的。这所房子有许多种的味道,没有一种是好闻的(有一种是炒鱼的气息)。虽然如此,这所房子仍旧不是一个下流的窟穴。

三层楼上,走过一个前臂袒露的高瘦妇人,她在一间送出刺鼻的暖气的病室的张开之门前站住了听。一个伛偻蹒跚的老妇站在门槛之旁,手在后面撑着门。

"他并不曾好些,克提司夫人。"高瘦的妇人向门里点一点头,发问。

老妇摇摇头,把门带紧一点。她的嘴在皱纹的腮上扁着:"他不会好的,除非他去了世。"停了一刻之后,"他时辰快到了。"她说。

"医生说是无望了?"

"我的天,我才不理会医生呢,"克提司夫人说,似笑非笑的咳了一声,"我看医生也看得多了。那孩子的时辰就要到了,这我是看得出来的。并且,"她又将门钮握了一下,低了声说,"有阴魂来招他的。"她着力的点头,"昨天有三个鬼来他床头敲打,其中的意思我是知道的!"

高瘦的妇人扬了一扬眉毛,把头点一下。"啊,是的,"她说,"或早或迟,我们每人都有那一天的。有些时候,那天来得越早还越好。"

老妇人点头哼了一声之后,两人默然向各人的前头呆望。不多时,高瘦的妇人又说:"他是一个好儿子,不是吗?"

"是的,是的,他对我很好。"老妇人略现烦躁的回答,"我一定要把他好好的安葬,就说那要把我的一点钱通通用完。谢天,那我倒还办得到。"她出神的续说,手支着腮,向梯上渐密的朦胧中默望着。

"我的丈夫当初去世的时候,"高瘦的妇人说着,仿佛脸上光辉一点起来,"我是好好的把他安葬下去的。他是奥费罗会的会友,我因他得了十二镑的钱。我替他置的橡木棺材,并且用的一辆敞的榇车运他的灵柩。家里人坐的一辆马车,他的会友也坐一辆——都是两匹马拉的,还有羽饰,以及护灵的雇工。柩木运去墓园的时候,绕了一个大圈子。'无论什么事发生了,满多斯夫人,'管事人说,'你都要觉到你是不曾做错一点的。他们不能说你有什么地方做得对不住你的丈夫。'真的,我没的什么给人家说的。他生前对我很好,他死后我却也对得起他了。"

这高瘦的妇人说到此处,自骄起来了。老妇人听这故事不知听了多少次,但是此次听时,更觉有趣。她便出神的咬她那牙齿已脱的双颚。"波孛我也要好好的葬下,"她说,"这倒是我力量所能办到的事情,只须动用保寿险的款项——以及别的钱——就成了。不过我保不住有护灵的雇工。那太耗费了。"

在东隅这一带地方,一个妇人要是无钱可买心中极想买的东西,她并不老实的说出,她只说那"太耗费"了。意思是一样,不过好听多了。克提司夫人把她的收入打算了一下,知道护灵的雇工"太耗费"

的。办得场面稍小的丧事,护灵的雇工要半镑的雇价,酒还在外。满多斯夫人是这样说过的。

"是的,是的,半镑的雇价。"老妇人同意道。病人在房里用杖棒无力的在地板上敲。"我就来了,"她锐声的叫道,"是的,半镑的雇价,很是一笔钱了,我不知道怎么能办得了——至少现在不成。"她又伸手去握门钮,但是先停下,补上一句适才想起的话,"除非是我不要羽饰。"

"不要羽饰,那未免有点不成样子。我当初有——"

楼梯上有脚步的声音,仿佛绊了,咒了一句。克提司夫人伸头向黑暗中下望。"来的是大夫先生吗?"她问。"是医生的助手。"满多斯走上一层楼,让他走进病房。

五分钟内,楼梯比前黑暗得多。接着那医生的助手,一个很少年的人,出来了,后面有那老妇人手拿蜡烛跟着。满多斯夫人在黑暗的上层中谛听。"他的精神很快的衰弱下去了。"助手说,"他必得服用兴奋剂。孟索尔大夫叫买葡萄酒的。酒如今在哪里?"克提司夫人懊丧的咕哝。"我告诉你,他'必得'服用这酒。"他坚持道(他做助手不过一月,所以特别热心),"病人吃不下去食物,总得设法支持起他的精力才是。说不定多延长一天,他的性命还有指望呢。难道是你买不起吗?"

"那太耗费了——太耗费了,大夫!"老妇人辩解道,"我又要买牛奶,又要买——"说到这里,便糢糊了,只听到她垂头咕哝着。

"不过他得服用那酒,克提司夫人,就说是要用掉你最后的一个先令。只有这种方法了。如果你意思是说绝对没有那钱——"在这里他僵得说不下去了。他并不是一个有钱的少年——有钱的少年是不替医生做助手的——不过他上一晚凑巧身边余着些钱,他又是毫无阅历的,于是自己的最近前途也不顾了。他掏出了五个先令:"如果你绝对没有那钱,唔——把这拿去,买一瓶酒——好,不过不要去小酒馆买,并且要'赶紧',他早就应该服用这酒了。"

他要是知道了,一定曾说事情凑巧的:因为正是上一天,也是这梯前,他的正医生犯了他这一样的大意的罪过——连数目都一样。不过,克提司夫人既然一字都不曾提起,他也就只是下去楼梯,走入泥泞的途中,一路心里想着一个牧师的爱子是否能借着苦挣得的小钱所行的慈善事业而增光的。克提司夫人只是扬一扬她的眉毛,聪明的摇着头,把烛拿进去了病室。室中当的响了,有如钱落下茶壶的声音。满多斯夫人料理自家的事情去了。

门已紧闭,楼梯上漆黑的。有两次有别的房客下楼,又上楼,又下楼,但是这门仍然紧闭着。下面的几层楼梯上有男子妇人走着,走出大门,又进来了。街上偶然有叫声或笑声送上来。如今是街上的脚步声变匆促了,变稀少了。楼梯脚下听得到踉跄与蔔匐的声音。一架坏了的旧钟随意的报时,还不及那二十分钟听到一次的巡警的步伐来得整齐。最后,有人砰的一声把街头栅栏关起了,街中便静下去了。梯边的门在里面有钥匙作声,更听不到别的。有许多点钟,下面的裂罅中露着一线柔弱的光亮,终于暗了。破钟仍旧的答着,但整夜中不见有人走出那间房门。不见有人开它……

直到第二天大天亮,满多斯来敲门的时候,门才开了。不久,两个妇人同来了梯边,克提司夫人手里拿着一顶已不成形的帽子。"呀,他的尸身很白,"满多斯夫人说,"像蜡一样。我的丈夫正是如此的。"

"我得忙一点了,"老妇人嘶声道,"得去料理寿险款、量坟地,以及许多别的事。要做的事真不少呢。"

"唔?是的。你打算要谁——卫金斯吗?我当初是要的卫金斯。比克基好,我看。克基的护灵人,衣裳太破烂了,下衣也旧得不堪。倘若你打算要护灵人的时候——"

"当然,当然,"老妇人点点那僵硬的头,"我打算要护灵人了:谢天,我能这样体面的做了!"

"还有那羽饰?"

"啊,当然也要羽饰了。说来,它们并不很耗费呀。"

——莫里生

圣诞节的礼物

玛丽从老田庄的窗侧外望。一片荒凉——山峦,田亩,林地,萧条,黯淡,迷漠——望中更无别的人家。她并不喜欢热闹。她喜欢缝纫。她最爱读书。她并不喜欢谈话。要是她能一人住在这克隆田庄,她一定顶快乐。在未结婚以前,她揣想每天晚上只须缝纫与读书。她当时也知道,日里她一定要忙,因为田庄年代老了,房子散乱,并且料理家务之时她是无人帮助的。不过她当时指望着晚间能恬静而安宁。结婚十年之后,她才把这指望断了。晚间时候,这老田庄的厨堂之内是再也安静不了的。因为她的丈夫约翰不是高声的叫人,便是高声的抱怨,并且他喜欢朗诵报纸,既不流利,也不连贯。

玛丽是一个不好多开口的妇人,她最好静。但是约翰爱听他自己的声音,他爱向她喊呼,从这间房到那间房的叫她,他最爱的是在晚间高了声向她读报纸。这是她所最怕的。近来,她好像要不能再多忍受一刻,要难受得叫起来了。来听他读个不休,声音一刻粗哑,一刻尖利,真是令人烦厌之至。他的"玛丽"把她从家务之中叫来他所在的任何地方,他的"拿拖鞋来"与"拿烟袋来",都令她难忍得要明白的撑顶他了。"自己拿拖鞋去"一句话已经抖于她的唇上了,但是不曾说出,这便因为她是一个受不了发怒的妇人。无论是一种什么呼叫她都害怕的。

她已经忍受了十年,她当然还能忍受下去了。然而今天她这样无望的看着野外的时候,她心中明白的感到,她是不能再忍受下去了。一定有事要发生的。但是有什么事可以发生呢?

下礼拜就是圣诞了。她想到这里,冷笑一声。这时她看见她丈夫的影子走过来。他从大门进来,绕走近侧门。

"玛丽!"

她慢吞吞的应招而来。他手里握着一封信。

"碰到邮差,"他说,"你姑妈处来的。"

她拆开了信,默然的看。他们两个都早知道了这封信里说的什么话。"她又要我们去同她去过圣诞节。"玛丽说。

他埋怨起来。

"她聋得像一根木头。她像她妈一样的聋。她应当放明白点,她自己既然一个字都听不出,便不必再邀人去同她过圣诞节。"

玛丽一声不响。他开头总是埋怨他外姑不该邀他们的,然而他心里实在情愿。他喜欢同他的外姑夫谈话。他喜欢下村去住几天,听那里的新闻。那时他是很可以把田庄上的事情交给长工的。

克鲁这家的聋病无人不知。玛丽的曾祖母是三十五岁时双耳全聋的,她的女儿,她的外孙女,都遗传得了这病,并且也在三十五岁之时,玛丽便是这外孙女的侄女,小时便是靠她姑妈长大的。

"好吧,"他最后非出本意的说道,好像答应她的沉默似的,"我们最好去罢。回她信说我们去。"

是圣诞节的上夕。他们在她姑夫田庄的厨堂里。那耳聋的老太坐在火旁的椅上,打着针线。她的枯皱的脸上露着一线奇特的蔑笑,她平日皆是如此。两个男子站在门前。玛丽坐在桌边,无目的的向窗外望着。外边,雪正在浓密的落着。里边,炉火映光在铜壶铜盘,老的橡木碟柜上的陶器,以及屋顶上悬着的火腿之上。

忽然间,占姆士转过身来。

"吉安!"他说。

聋妇人一动也不动。

"吉安!"

那火旁的不可捉摸的苍老面上仍然没有回答。

"吉——安——"

她向叫唤稍为挪转身来。

"上楼去拿那些相片来给约翰看。"他粗声道。

"穿线做什么?"她说。

"相——片——"她的丈夫大吼道。

"下面?"她颤声道。

玛丽从这个看到那个。她姑夫做出一个气恼的姿势来,自己出房去了。

他手拿一扎美术明信片回房。

"自己做事去还来得快当些。"他埋怨道,"这些是我兄弟从瑞士寄来的,他如今正在那里做事。就这些风景片子看来,瑞士是一个好地方。"

约翰从他的手拿过他们来。"她比以前更差吗?"他说着向老太点头。

她在坐着,向火中默望。她的嘴唇又弯成那奇特的笑容。

她的丈夫耸耸他的肩膀。"是的。她如今有她母亲的那般程度了。"

"还有她的外祖母。"

"是的。我叫她去做事,比我自己去做,花的工夫更多。聋子常常变蠢些的。她们不明白你的意思。她们最好是不必去多惊动。"

那个男子点点头,燃着他的烟袋。接着占姆士开了门。

"雪停了,"他说,"我们去村尽头再回来,好吗?"

那一个点点头,从门后拿下他的便帽。一阵冷风随着他们走时吹进房中。

玛丽从桌上取到一本纸面的书,走来火边坐下。

"玛丽!"

她惊了起来。这并不是聋耳的老太的尖锐申诉的口腔,而很像玛丽小时所忆得的青年姑妈的声音。老太正将身前俯,向她细看着。

"玛丽!你圣诞节好呀。"

好像口不由己似的,玛丽用了她平日说话时的低声回答。

"你也好,姑妈。"

"谢谢你。谢谢你。"

玛丽惊得喘了一口气。

"姑妈!我这样声气说话,你听的出?"

老太悄然的笑起来,在她的椅上摇来晃去,好像来把许多年蕴蓄起的诙谐加以发泄似的。

"是的,我听的你出,孩子。我一直听的你出的。"

玛丽急渴的握着她的手。

"那么——你的病好了,姑妈——"

"是的。我的病好了,要是我曾经有过病的话。"

"你——"

"我并不曾聋过,孩子,我以后也不至于聋的,求天保佑。我把你们都瞒了。"

"你?并不曾聋过?"

老太又咯咯的笑起来。

"不曾,我妈也不曾——连她的妈都不曾。"

玛丽将身从她身边缩回。

"我——我不懂得你是什么意思,"她踟蹰的说,"你从前是——假装的吗?"

"我就把这个作为圣诞节的礼物送你罢,好孩子。"老妇人说,"我当初像你这般年纪的时候,我母亲把它作为圣诞节的礼物给了我,她的母亲当初也是一样。我自己没有女儿给,所以我给了你。它可以忽然的来了,要是你想那样的话,那时,你想听的话可以听,不想听的话便不必听了。你明白吗?"她将身俯得更近,耳语道,"那时你使一切都撒清了——既不必替他们寻找物件,也不必去理会回答他们的疯话,也不必狗一般的给他们当差。我一定留神你的,我的孩子。你并不十分安静,不是吗?"

玛丽颤叫起来。

"啊,我不知怎样才好,"她说,"我——我做不了这件事。"

"你要怎样就怎样做,"老妇人说,"把它当作一件礼物收下。好了——克鲁家的聋病作一件圣诞节的礼物,"她咯咯的笑起来,"用不用随你的便。无论如何,你总曾觉得它极其有趣的。"

老脸之上又露出了那奇特的笑话,好像她在心中藏有一天上神祇皆可藏有的笑话似的。

门忽然被又一阵冷风刮开了,两个男子进了门来,身上满是雪花。

"我——我不肯那样做。"玛丽身子颤抖着耳语道。

"我们没有走到多远。雪又下起来了。"约翰说着,把他的便帽挂起。

老妇人起身,默然而敏捷的,开始铺设晚饭桌子,她眼不抬起的从碗橱走来桌旁。玛丽坐在火旁,不动不响,两眼注视着熊熊的炉火。

"她有什么成聋的兆头吗?"占姆士耳语着,两目注视在玛丽身上,"我妻子正是她这年纪成了聋的。"

"是的。我听到这样讲的。"接着,他高声的说,"玛丽!"

一线淡的红晕泛上她的面庞,但是她无目光与动作表示出来她是听到了。占姆士传意的向她的丈夫望了一眼。

老妇人双手各拿住杯子,这时她略停一下,那迟缓奥妙的笑容又上了她的面庞。

——阑白恩女士

大　　班

没有人比他自己更知道他是一个重要的人物。他是支那境内最大的英国公司的并非最小的分店的第一个人。他是凭了实在的本事爬到这一步的,他想起三十年前初来支那的那个阅历毫无的办事员,不觉面上泛着微笑。

他想起他所从来的家,巴涅司地方(一个力求体面而结果变成肮脏沉闷的郊村)一长排小红屋中间的一座小红屋,拿他来同这现在又是他公事房又是他居处的壮丽的石屋,边廊宽敞,房屋广大的一所建筑来比较,他不觉乐得笑起来了。

他如今爬得很高了。他想起当初从圣保罗学校散学回家时候与父亲母亲两个姊妹一同吃的晚饭——一块冷肉，一大团面包同牛油，一杯和着很多牛奶的味劣的咖啡，各人吃各人的——再想一想如今仆役盈前侍候他吃晚饭时的情况。

他无时不穿着正式的衣服，他无论是有客来与否，总要他的三个跟班站在他的饭桌旁边。他的第一号跟班知道他喜欢什么，他再也不用自己去照料琐碎的家务。他的饭桌上每餐都有汤、鱼、边盘、香甜的烧烤，所以就是上桌之时有客来了，他都不愁的。他是讲究吃的，他再也想不出什么道理来，为什么自己一人用饭的时候不应当同有客时一样的丰盛？

他真是爬得很高了。这便是他不肯回国去的缘故。他已经离家十年了，他在休假的时间也不过是去日本或坎拿大的丸古弗——在这两处他都是把得住能遇到在支那同事的熟人的。他如今在本国已经没有熟人了。他的两个姊妹已经嫁与了门户的人家，她们的丈夫是商店的办事员，她们的儿子也是商店的办事员。他们与他之间不发生什么关系。他憎厌他们。不过为敷衍亲戚的面子起见，他每逢圣诞节便寄给他们一方上等的绸缎，或是一块精密的绣花，或是一瓶茶叶，作为礼物。

他并不是一个卑鄙的人，他母亲在世的时候，他是源源有钱寄回给她的。他应当休退的时候久已到了,但是他无心回去英国,这便是因为他看见了许多人这样做,大半都不如意的。他打算在上海跑马厅边买所房子安顿下来:赌牌哩,养马哩,玩田球哩,这也很能舒服的把他的余年度过了。他如今离休退职务的时候还早着哪。不久,希金斯便会要回国去的,那时他便要调任到上海总店去的。

在不曾去上海以前,他在现住的地方也很快乐。在这里可以省钱,"那在上海是办不到的",并且在这里还过得极舒服。还有一层也强似上海:他是这里全城中最有名望的人,他的话别人无有不奉命维谨的。就是本处的领事都小心着不冲犯他。有一次一个领事与他意见不合,终究吃亏的并不是他。大班想到这件事情的时候,将颚部挑战得突出。

接着他又微笑了,因为他如今正在兴头之上。他才在港沪银行吃了一顿很好的饭,他如今正在回家去。他们那里待你好得很呢。菜是上等的,并且酒很多。他起头喝了几杯冰酒,接着是白酒,最后还喝了两杯黑葡萄酒与一些极好的老白兰地。

他觉得畅快。他离开银行之时,做了一件平常少见他做的事:他步行路上,轿夫扛着他的轿子紧跟在他的后面走着,预备着他倦了时坐入,但是他走得很起劲。他的肢体平日太不活动了。他现在已经骑不动马了,很难想法来活动筋骨。不过骑马他虽不能了,养马他还是可以的。他这样步行于爽气之中的时候，不觉想起了春天的赛马。

他有几匹他指望着的马，并且他的办事员中有一个练成一个好的马手了（他应当小心不要让别人把他抢去——上海的希金斯那老头子便是肯出大钱把他搜罗到那里去的人），他是一定能赢两三次的跑马的。他以他有全城中最好的马厩自傲。他挺出他的胸膛，像一只鸽子的模样。这天气是美极了，活着正是最舒服的事。

他走到墓园的时候，停下步来。它洁净整齐的立在那里，指点出本城的殷富。他没有一次经过这墓园不是自傲的。他自喜为英国人。这墓园所占的地皮从前是不值几文的，但自从本城发富以来，便涨到很高的价钱了。曾经有人主张过，把园中的坟墓移往别处，匀出地来卖作建屋之用，但是本处的人都不赞同。

大班心满意足的思量，他们的死者如今是安息于全岛中最值钱的一片地上。由此可见有些东西他们看得比金钱还高。钱，去它的！一谈到了"关系重大的东西"（这是大班的口头禅）唔。人知道这世界上并不只存金钱一物的。

他心中打算了在墓园中兜一个圈子。他观着路边的坟墓。他们收拾得很干净，墓道上是毫无野草的，园中有一种行时的气象。他这样徘徊过去的时候，墓碑上的名字都念到的。这里是三个在一起——是巴斯忒号的船主与大副二副，在一九○八年死于飓风之灾的。那件事他还清楚的记得呢。

　　这里是一堆坟,里面葬着两个教士同他们的妻子儿女,都是拳匪之乱时候遭害的。那是多么骇人听闻的一桩事。并非他怎么看得起教士,不过,哼!他是不能忍受这班支那人来屠杀他们的。

　　他走近一个刻着他熟悉的名字的十字架。一个好伙子,牟劳克,不过喝酒太多,自己糟蹋去了性命,可怜的人——才二十五。大班认得许多人,都是这样结果的。又有些干净的十字架,上面刻着男子的名字,年纪有的是二十五,有的是二十六,有的是二十七。

　　说来都是一样的话:他们来了支那,他们有生以来不曾见过这么多的薪水,他们爱面子,喝酒时不愿总缩头,他们受不住那么多的酒,于是他们来了墓园之内。你得有一个结实的脑袋同一个强硬的身体,才能来这支那岸上杯对杯的喝酒呀。

　　这当然是一件惨事了,不过大班一想到这里面有许多是被他喝到地下去的,又免不了脸上泛起笑容来。并且有一个人死的于他有用,是他的公司里面的,地位高似他,并且心思活动,要是那伙子如今还活着,这大班的位置如今还没有他坐的份呢。命运的法门真正是不可捉摸。

　　呀,这里是小陀纳尔夫人——罗兰陀纳尔——她生时真娇小玲珑呢。他同她发生了事情,她去世时,他不知道多么伤心。他看她墓碑上的年岁。要是她现在还活着,便不成为小鸟了。

他想着这一班死者的时候,他的胸中充满了一种自足之感。他们都输给他。他们死了,他还活着,哼,他们不过是他手下的一班败将罢了。他放目将园中的坟墓一扫,他面上泛起了轻蔑的笑容。他几乎搓起他的手来了。

"向来不会有过人说我傻的。"他自语道。

他对于这些嘈杂的死者胸怀一种并非恶意的鄙蔑。他走向前去,忽然间,看到面前有两个苦力在那里挖坟。他惊讶起来,因为他并会听到居民中死去了什么人。

"怪事,这坟是替谁挖的?"他高声道。

苦力连望都不向他望一望。他们仍然做着他们的事。他们站在坟里,有一大截不看见了,他们铲起一堆堆的土。

他虽然来支那来了很久,他却并不懂得支那的话:他这时大家本来都说犯不着去学那不是人说的话的。他操了英国话,问那些苦力是挖着谁的坟。他们听不懂。他们用支那话回答,他骂他们是猪。

他知道布鲁默夫人的孩子正害着病说不定已经死了,不过如果那样,他一定会晓得了的,并且这坟也不是孩子的坟,他是大人的,并且是一个体格魁梧的大人的。这是怪事。他懊悔他刚才不该来墓园里的。他忙着走出了园上了他的轿子。他的一团高兴完全消散了,脸上

177

只看见了不安的皱容。他一到了办公房的时候,便叫他的第二号跟班来问话:

"喂,皮忒司,谁死了,你知道吗?"

但是皮忒司一点不知道。大班心里纳闷得很。他叫来一个支那人当办事员的,派他去墓园里向挖坟的苦力问个究竟。他开始在公事信上签名。办事员回来了,说是苦力已经去了,另外又找不到人探问。

大班开始感到一稀隐约的烦扰:他不喜欢有他毫无所知的事体发生。他自己的跟班会知道的,他的跟班一直是各事皆知的。他叫了他来,但是这跟班并不曾听说居民中死去了什么人。

"我知道不曾死去什么人,"大班烦躁的说,"不过挖这坟是为什么呢?"

他吩咐跟班去墓园的园丁那里探问,既然不曾死人,何以要挖这坟?

"出门以前,先替我预备一个苏打威士忌来。"他在跟班要出房的时候增言道。他不明白他自己何以看见了那坟,心中不舒服。但是他极力的想把它忘记去。他喝完了酒的时候,觉得好些,他便把他的公事做完了。他上了楼,拿《丑角杂志》闲翻的看。不几分钟他就要去俱乐部,玩几盘牌以后,便用晚饭。不过听听跟班到底探问到了什么,总心里放下些,于是他就等着跟班回来。不多一刻,跟班带着墓园的园丁回来了。

"你为什么叫人挖一个坟?"他劈口就问那园丁,"并没死人。""我不挖坟。"那人道。

"呃,你这是说的什么? 今天下午我看见有两个苦力在那里挖坟的。"

那两个支那人彼此对看着。跟班的接着说他们一同去了墓园,并没有挖什么新坟。

大班想开口,又吞回去了。

"什么话,我亲眼见的!"这便是他要说的话。

但是他没有说出。他把话吞回去的时候,脸都挣红了。那两个支那人用了镇静的眼光向他望着。他的气梗住了一刻。

"得了。去罢。"他喘着气说。

但是他们一出了房的时候,他又高呼叫跟班进来(跟班镇静得令他看着要发脾气)替他拿威士忌来。他用一条手帕揩他脸上的汗。他的手端起酒杯就唇的时候,都抖起来了。他们爱说什么尽管说,他是看见了那坟的。唔,他现在耳中隐约还听得见那苦力们把一铲铲的土抛上他们上面的地的低沉的声音呢。

这是什么意思? 他能摸得出他的心如今是在跳着。他觉着极其不自在。但是他打点起精神来。这是一场笑话。要是那里并没有坟,那就一定是他偶尔眼花的缘故。他最好是去俱乐部了,他要是碰到了医生,可以叫他诊视一下。

俱乐部里人人都是向常的样子。他自己也说不出他为何会以为他们要与平日不同的。这是一种安慰。

这些人,同度了许多年机械的生活,各人都养成了一些小的癖性——一个是玩牌的时候口内不住的哼着,一个是喝酒的时候一定要用稻梢来唧——这些玩意从前本令大班烦躁的,今天却令他感到一种保障。他如今需要保障,因为他再也不能把他看见的那怪事忘记去。他的牌赌得一塌糊涂,他的牌伴责备了他几句,把他的火气引起来了。

忽然间,他觉着他在这俱乐部里再也坐不下去了。他出门之时,看见医生坐在阅览室里看《太姆士报》,但是他又不愿意去向医生开口。他要自己再去看一看那坟是否确实有的。他上了轿子,叫轿夫再抬他去墓园。你总不曾眼花两次罢,是不是?并且,他要把园丁带了进去,要是那坟并没有,他也不会看见,要是真有,那他就要把那园丁结实的打一顿。

但是园丁四处不见。他已经出门,并且把钥匙也带走了。大班看他自己进去不了墓园的时候,忽然的觉得疲乏了。他重新上了轿子,叫轿夫把他抬回家去。他要在晚饭躺个半点钟。他全身都累了。

他晚饭的时候,叫开一瓶香槟酒,饮完之后,觉到舒服一些。后来,他又叫跟班去拿最好的白兰地来。他喝了几大杯的白兰地以后,精神完全恢复了。什么眼花,去它的!他进了台球房,练了几竿难球。他的眼睛还有这么准,想必一定不会有什么的。他上床之时,一倒头便入了酣睡。

但是他猛然醒了。他做了一梦,梦到那张着口的坟同那两个挖着坟的苦力。他敢说他是真看见了他们。接着他便听到更夫打更过去。静夜之中,听到这梆声,不觉令他毛骨悚然。他的胸中如今充满了恐怖。他想起一个支那城的曲折繁多的街巷,发生了一种无名的惊惶。

随风送入他鼻中的臭味使他欲呕。还有那些居民。他们仿佛在迫胁的向他逼来。他恨恶这地方。支那!他当初为什么来的呢?他如今是惊惶之至了。他应当疾速摆脱。他决不再多等一年、一月。上海他有什么可恋的?

"天哪!"他叫道,"只要我是安稳的下了英国呀。"

他要回家去。如果他得死,他要在英国死。把他葬在这一班黄人中间,他是受不住的。他要埋葬在家乡,不要埋葬在他日间看见的那个坟里。他是再也不能安息于那个坟里的。再也不能。

他下了床,写信给公司的总经理,说他发见自己有重病临头了,必得派人来接受他的位置。除去迫不得已的时间之外,他不能再多等一天。他必得立刻回去家乡。

第二天早上，他们看见这封信紧握在大班的掌中。他从桌与椅间滑到了地下。他的尸身都僵了。

——摩享

孙衡的磨炼

这个孙衡的故事是说的一个生性坦白禀质聪颖的人,他在日常的生活中落落难合,虽然他与友朋亲戚交接之时是极其令人亲近的。年幼之时,他从他父亲的田庄上运去一批米与别的农产到附近的市场上出卖以求获大利,哪知交易告成之时,向他买货的人极其得利,遣他来市的人则赔本很多,因此,家里人知道,不得不代他另寻一种谋生的方法。

"毫无疑义的,"他的父亲把这件事考虑了许久以后,说道,"在这种状况之下,一个人是应该以京官普周的忠言与先例为准衡的。"

"高誉的父亲，"孙衡这时凑巧在旁，他道，"这站在你面前的目不识丁的人是完全不认得你所提到的那一个人的。不过，他将如你所示，立刻出发，马不停蹄的跋涉去那可敬的普周的家中，恭聆他的阅历之谈。"

"除非是发生了一件比这个更重大的损失，"父亲冷然回答，"不然，倒用不着采用这样极端的一种方法。适才提到的那个慷慨的人远生在唐朝的初叶，他的那件可以为训的事情便是这样发生的：一天，在高明的普周的公庭之中，来了一个形貌不扬举止犹豫的少年，要听他的明训。这少年说：'这在你面前的堕落的丑陋的人，高华而尊崇的京官呵，他是天生得性情极其怯胆量极其小的一个人。因此之故，生活在他眼中已经变成了极其可厌，因为阴阳两性中本来可以做他伴侣的人如今已是彰明的鄙弃他，在他要与他们结伴之时总是对他的五脏的颜色与本质做各种令人难堪的微讽。那么你就教与他一种治愈此懦病的方子吧，他是将鞠躬尽瘁以图报答的。''方子是有一种，'慷慨的京官毫不迟疑的答道，'此方如能按法施行，是决定有效不致失败的。你的身体缺少几种组成的分子，在所望的结果告现以前，它们必须自外添入。在一切的猛物之中，老虎是最无畏惧的了，因此你所需要的各种原料在它身上都有。进一层讲，它的牙齿是它所凭以达它的噬啮之目的的东西，那么它们当然是它的无敌之勇的要素所在之处了。因此,那想在此事件上得到教导的人可以如此去做:在杀死一匹壮了的虎,拔出牙齿以后,他可以趁着要素尚未归返体中时把它磨成粉末,用米调和,吞下。七天以后,他得重服一剂这种的药,再等七天,他又得服第三剂。那时,他可以再来此处听话,如今这种事却已不令本人发生兴趣了。'少年听到这里,便告辞了,心中充满了一稀新兴的希望。因为多智的普周的智慧丝毫不容置疑的,并且他已明白确实的指出此事是必成的。但是,在他用了几天的工夫想拿钱买得新杀之虎的牙齿以后,事件的细情开始呈现一种新的为前所未料的困难,因为他所询及的最有售卖虎牙之可能的人不是觉得他的话稀奇,大笑得令他难受,便是大怒,以为他在向他们开玩笑,接着是老拳加于他身,或是将他骂得身无完肤。后来,这少年明白的看出,倘若他想得到他所寻求的物件,他必得先行练会打虎的本领,因为除此之外更无别法可以获得一只生虎了。这种日子虽然他并不十分喜欢去过,然而他已经不像从前那样视此事为不可能了,因为他这一晌惯于自御,不肯受那些在他寻求虎牙之时以为他是讥刺他们的人的无端蹂躏,已经新生出一种勇气来,并且他这样无拘的漫游,寻求虎牙,体力已经增进不少了。他第一步学会了弯弓射箭,便一天走进了一座荒野而极广大的森林之中,在一株立在沼水旁的树顶隐身叶内。这样守到第二夜的时候,他看见一匹大的不过带病的老虎走来沼旁饮水止渴,他便颤抖着手把箭安在弦上，将箭发去。因着从师得法，居然把虎射死了。按着卓识的普周指导他的话施行了一切手续之后，这少年决定了在林内安身下来，仗着打些猎品支持日食，直至他能履行第二次的仪节。七天以后，他已经成了一个极机灵的猎户，并且山珍野肴使他力壮百倍，他简直以隐身叶内为羞，他赤身立在沼旁，对着那第一匹来饮水的老虎一箭箭的射去，又硬又准。他射虎射得兴起，率性把第三个七天改成七个月了。到期的那天，他也不等候到日落，天明便起身去到那向无人迹的林中，将一切的兽类大骂，凡他所能想到的话他无不骂出。他在此时已经威名播遍全林，他一进来之时便有警告的声音从近传远叫众兽防备着他，所以就是他这样破口大骂，连那些最凶恶的野兽也不敢公然的反骂，只是在一箭的地段以内每个山洞中都可听到低抑的吼声。他骂得厌了，觉得这是孱弱而怯懦的，他便拣那哼声最高的山洞跑进，他在这洞里瞧见一只大得不可形容的老虎，身旁高堆着他所杀害的无数的人的白骨。这虎残害了很多的人，闹得邻近骚然，各村之中遣出了一队队的兵去杀它，但是只留得一些残兵败卒回来。它看见它的恶贯满盈，也很少抵抗，那少年先用拳把它打晕，接着便从腰下把它擎起，将它的头尽向山洞的壁上去撞。他第三次遵行了京官的吩咐，向四周的林木与岩穴中隐藏着的野兽高傲的轻蔑的望了一眼之后，便起程回家。三天之后，他到了多能的普周所住的镇上。'看哪，'他抬头看见少年背上满驮着虎皮与别的猎品向他走来的时候说道,'现在那些你家乡里的少年少女总不会以与这样英雄的一个少年同行为羞了。''高誉的京官,'少年将他的兵器与猎品放在他的恩人的脚前,说道,'本人与阴阳两性中的任何人是不愿有来往的,我只愿在你的长胜弓箭手中滥竽充数,以求报答你的厚惠。'大公的普周允许了这少年的请求,从此以后,那谦退的少年,当初来求他指引的,便渐渐的升到了京官手下领兵官的位置,并且一旦享有送定礼与他的独生女的特权了。"

当父亲说完了那胆小的少年后来变成了一个勇敢多谋的弓箭手首领的故事之时,孙抬起头来,他毫不明白这故事的用意,也不知道何以他父亲将它说出,他便道:

"那优美而明达的普周的名言在当时的情况之下诚然是无量的有用,本人亦极愿拿他做未来的指针,以求达到一同样荣誉的地位,但是,可惜!本省之内是没有老虎可寻的。"

"这缺点正是汉口城内经商的人所努力以求补救的。"他的父亲答道,他觉着他的儿子是再也不能知道这故事,不过是传达一种教训并非教人都要如此去做的。"因此,"他续说,"本人已经订了合同让你去那里,到一个能干而讲交情的出售动品的商人的铺里去做伙计。与汉口那一班贪得多谋的人一同贸易,你是决不至于使任何人受巨大的损失的,就说这种意外的事情发生了,至少,你一念及,这不幸的事故并不会影响及与你同根同源的人的幸福,那时你一定要觉得释然的。"

"大量而高德的父亲,"孙温和的回答,但同时心内充满信念,"谦逊的本人自小就受了教训,永远知道遵行五常之道,事君上以忠,事父母以敬,事夫妻以乐,取兄弟以和,事朋友以恒。心诚如你现在所垂训的本人是不至于使他的亲上为他担惊的。"

"诚然上天会保佑他,"父亲答道,"不过对此事负责的人极其想那一双适才提及的脚步不可再在这村的左右留连忙向汉口的方向出发。"

便是如此,孙衡在第二天便起程,马不停蹄的到了那伟大而繁盛的汉口城,寻着了那名叫非凡匀称的清金龙的商店,店主便是那多才多艺的金益阳,他以制造动品为务,来做其他灵巧滑稽的什件,托付与许多的人去在本省之中销行。因此之故,货物虽然畅销,而忐忑不安的金益阳仍然时常的心怀疑团。因为如上所述的,他所差派出去的人的素行能使他不安,并且使他相信买卖的实情一定不是如他们的口中之词那样。当时,有伙计身着破烂不全的衣服回来,一口咬定是在穿过一个荒僻无援的县份之时被一群身持枪棒的强盗拦住,把他身边携带着的货款一齐抢去了。又有伙计说是被鬼开了玩笑,他们用了虚伪的标识把他在树林中迷失了路,然后把他负载着的货品一齐毁坏净尽,并且得意的高呼,对金益阳本人加以侮辱的言辞:因为他的高尚人格与慷慨行为是令他成了那一班人的眼中之钉。还有许多伙计总是为银两不足数叽咕,他们说是路途之中遇到了一个位高身份也高的官人,他对他们特垂青眼,待至问到他们的东家是谁之时,他立刻说他们的东家是他的好友,并且为了客气之故,把他们身边余留的货物一齐拿去,说是下一次见到优雅的金益阳之时会当面与他料理账目。为了这种种的缘故,金益阳一心的想找到一个口头不谎的人,因之,他听到别人说孙衡生性老实无论多么细小的事情他都不会说错一点的时候,重担便从他的心头释下了。

金益阳新近做成一种玩具,他极想知道此物能得到若干的酬报,因此把孙衡引入一间密室,教他怎样去售卖一些巧制成的鸭子,这些鸭子看来好像会在水缸里凫泳,并且同时能做活鸣的高叫的。金益阳自矜骗法高妙,向他直言,说这些出售的鸭子,虽然价格低廉,实在并不能像所讲的那样游泳叫唤,它们如果真的放入水中,一定是要沉下水底的,所以孙出卖他们之时,只应拿出一个特备的鸭子来献技,这鸭子有匿藏的绳线悬起,并且孙应当在低头看鸭的时候自己学鸭叫。把孙试了一番知道他能胜任此事之后,金益阳便把他差出,特特叮嘱他回来时候应当交进全箱鸭子的整价,或是进款,同尚未出脱的鸭子。

七天之后,孙回到了金益阳那里,他虽然不会带回一文钱(他在路上有时一日三餐都穷得无钱去买),不过他带出去的鸭子仍旧原箱归还。金益阳盘问出来了实情:原来他虽如金益阳所嘱的把鸣叫与凫泳学得做得很像,不过他没有悟出这些事情是应当在背地做的,他心里以为听他看他的人越多他的鸭子便越会行销,因此在稠人广众之中将他的妙技施展了出来。因此之故,来看他献技的人虽然很多,不过他的鸭子却连价钱最公道的都不会卖出一只,虽然有些人当着大众的面满口将他夸奖,连声的催促他叫得更高更多,说是这样能从附近一带的村中叫出一些要买他的鸭子的主顾。

  金益阳盘诘出了这场生意的结果之后,他对孙的言语除去说他教养太坏头脑太蠢之外更无别话。孙衡无论用了多么婉转得体十分温和的辩白,来替自己洗刷,说他并不曾分毫触犯五常之道,因此他不应当受责,并且他的行为,教人看来,还是应当受奖的呢。金益阳毫不客气的把话头打断,他拒绝与孙客气的来讨论此争端的各方面,他说他不要什么五常,只要五个铜钱,便把他送去监牢,当作一个毫无用处的木瓜关起来。接着,他不仅不酬劳孙那样为他耗了许多时间,甚至连酒食他都不叫他用一点,却立刻又差他出去办事。这次他是交了一些精巧的嵌镶箱匣给孙去汉口城内的街市上售卖,他并且说(说话的神气与话中的意义刚刚相反)孙如果再要一物不曾出售而有什么缘故逼着他不得不回的时候,他是将要觉到极端的满意的。心地老实的孙不知他是说的反话，因此他听到一个看箱匣的过路人说他们的颜色可以重新变换一下，那时色彩更加美丽他至少要买一个的时候，他便匆忙的赶回，虽然这条街离开金益阳的店铺不近，向他主东述说那过路人的一番话，并且自己加添几句，说是他也觉出箱匣的颜色这样的更换一下之后是要更加动目的。

　　金益阳看见孙又是把货品原封未动的整带回门的时候——他先用手在孙的身体各部之上探视了一番，知道他并非被恶鬼迷住了，也不是半醒半睡的魂魄已经飘荡入空中，而是真的为了他自己的那种缘故回来了——他这时候真是又恼又怒，怒得气都闭住了，隔了半天，一句话也说不出来，手一下也动不了。等到他的心神回复过来了的时候，他在胸中想出了一条毒计，一方面既可把孙痛惩一番，一方面也可把自己撇开。因此他遮盖起他的恼怒恶意，假装出一副好意的面孔，大大的夸奖了孙对于配色一门的眼力一番。无疑的，他接着说道，嵌镶的箱匣要是照他的话另行配色，一定是要更加动人的，因此，他们就得赶紧动手来实行。同时，为了不闲空着他这样一个有眼光能坚忍的人起见，他将拿一件极其重大的差事委托给他，此事办妥之后，他一定是能得到很大的报酬的。在本省的西北，有一县叫运县，那狡狯阴险的金益阳这样说，这县的人极其珍视一种虫，因为它是有益于稻的，它能令稻成熟的早，并能令稻长的更肥，但是近年来这虫很少可以在运县的附近发现,因此,这一带的耕田人都贫乏下去了,他们现在情愿把他们家里所剩留的钱物都不要,来换几个这种的虫,好让它们繁殖起来,把本县走的厄运通盘反覆过来。这样说着的时候,金益阳拿出了一只密封好的匣子,匣子里便是装着一些这种虫,它们都是费了重价从苦水外的地方买来的。他在叮嘱了孙一番途中的话之后,切切的说与他再也不要在路上让别人知道了这件事,然后把他遣出了门。

谨慎聪明的人大概已经猜透了金益阳的这条不可容忍的诡计,不过为了提醒和乐无猜的人起见,这里不得不说明一句,便是这恶人所说的话正与实在的情况相反。

运县一带现在诚然是陷在一种极端的饥馑,不过这饥馑并非为了不见一种珍罕祥瑞的虫,而是为了蝗虫太多,蔽天而来,把这一带的田禾都吃光了。非凡匀称的清金龙店里进来的许多的制品之中凑巧有些稻虫与果园的仿品,这些仿品做得极像,连虫鸟都给它们蒙骗了,因此,全汉口所有的蝗虫都飞来了这家商店。心怀报复的金益阳便是放了一些这种虫子在那叫孙送去运县的闸子里面,他十分知道一个人拿了这样一件东西在这种时候去运县,他的时运一定不会好,金益阳自己不需再去愁他要回来汉口的。

心中十分安闲的——因为孙为人老实,他再也想不到金益阳的本意能够与他口中所说的话相反的——我们所说的这人欢欢喜喜的走上了辽远而不可免的路途，向运县出发。他在路上趱行着的时候，他的心思转到了他到汉口以后所遇的各事的回忆之上。他这时头一次觉出他父亲说给他听的那少年与三个老虎的故事不过是一个格言的样子，用一种优美温和的方法使他知所效法知所趋避罢了。他当时把这格言用来自己比喻，毫不置疑的相信头两个应该杀死的虎便是他已经小心谨慎的办成功了的木鸭与镶匣的那两件事，并且自觉他现在是正在经过着第三次最后一次的试练。这使他在胸中充满了一种高尚谦逊的愉快，除去用了适才言及的头一次试练时他所应用的呼声来表露他的愉快之外，是更无别法了。

便是如此，他迅速而高兴的将道路走了许多。孙无疑的是渴望把第三件工作完成的，并且渴望早日眼见身经到他自己的后日中与那故事里面那人做了弓箭手的队官娶了京官的千金两件事情相同的事，不过每天正午的骄阳极其炙热，他不得不在路旁树荫中消磨去许多的时间。有一天他也是这样在风凉着，忽然间他想到与其将光阴这样枉费了，不如用它来把匣中的虫子改良一番，教它们一些它们的柔弱幼稚的脑子所能了解装载的把对。训练的结果真是出乎他意料的优良，因为这些明理的虫儿开始，就看出孙完全是出于对它们之后日的一片好意，并非利用了它们来想达自私的目的。它们对它们各自派到的工作极其勤奋的做去，不多时候，它们的一些简单的家务已经能没日轮流

193

着件件都料理得当了。孙见他们如此尽心，大为欢喜，他便更进一步来教它们演戏。不多时，它们之中的一些最强的已经能无疵的顺溜的扮演那著名的笑剧《白龙茶园的吉兆》又名《三次京官》的一部分了。训练到这种天地，孙还不心满意足，他又凑拢来他在路上各处寻到的纯种物件，想出心思来做成一只坚牢活像的战舰，他在蝗虫里选出一些来训练成水兵，号令一下，它们便各上岗位，将水兵应做的事件件都做到，如驾船、放炮等等它们都能应对的利落的执行。

一天孙正在教导着最没用的虫儿做它们的优越多才的同伴们的旗手、锣手以及同类的职事的时候，他举眼看见身旁站着一个身穿绣花长袍的相貌高贵的人，这人看来好像在他身边已经站的很久了。孙在脑中记忆起了金益阳下的警告，正要把这些蝗虫儿重新收进匣中，但是那面生的人用了宏朗而端庄的声音阻止住他，并且说：

"紧靠这里附近，有一位名门高望的人物，他要是看到了本人适才看到的这些发噱的把戏，一定是会极开心的。就你的劣下的相貌与褴褛的衣服看来，一两银子你是求之不得的，那么你就立刻收拾起匣子来，跟着如今站在你面前的本人一同去吧。"

说完之后，这衣裳华丽的人便领路走上树林中的一条狭径，身后有孙紧跟着，因为孙听说有这么大的赏号——他有生以来再也不曾有过这么多的钱——于是在他的后面紧跟住，一步也不肯放松。

有一件事,孙到后来才知道如今毫无所知的,为醒目起见不妨早点说出,便是,适才提到的那人并非别个,乃是神圣无疆的皇帝手下的娱乐部大臣,皇上此时正在做一穿过京都之旁八省的空前大游幸——精明博识的看官想必是不用人来提醒他,这时南京是京都的。这次这位娱乐部大臣遇到了孙衡,真是天缘凑巧,因为他在这一带荒僻的地段所能找到的简单质朴的娱乐都不能中他那智慧而性子极其别扭的主子的意,因此他十分懊丧。朝中各从臣为求献悦圣躬起见,把他们从前所见过的杂耍武技仿行起来(这是逼不得已,不然他们再也不肯降低身份来做此等事的),但是他们白卖了气力,毫无用处。甚至这多艺的大臣的拿手本领——就是跳入空中之时,双手相拍,两脚相拍,并且作声如在袍褶中包起的体大声宏的蜂子的呼叫,这耍戏在皇宫之内施展的时候,没有一次不引得皇上捧腹大笑的——这耍戏如今也无效了,只落得皇上冷淡的(差不多厌恶的)说一句,这姿势与声音很像一个手连着脚捆起的人一样,并且用了憎嫌的口气增说一句,与其看这个,还不如看那手连着脚捆起的人有趣些。

孙看见了那人把他领入的巨大而是用绫子蒙起的营帐之后,他大为惊讶,并且同时觉出自己做事过于愚蠢过于匆忙,答应了只要一两银子,因为他如果知道了实情,他一定是要那人肯出两倍的钱之后才肯答应的。他正在这样犹豫不决,自问此事能否设法使其更圆满的解决的时候,他已经被引入一个最耀目最装潢的营帐之内,并且受令要立刻施展本领来娱乐他所面对的那个人。

那些无可比拟的虫儿听了孙的号令一起头演习家务的时候,旁观的人知道它们一定是要成功的。果然皇帝面上的愁云一齐消散了,只见一团笑容,并且他时时用了热烈亲密的话来鼓励他做下去。娱乐部大臣瞧见主上的一天愁云已经被他无意中寻到的人的耍戏打退了,不觉兴高采烈,衣也不理冠也不整的匆匆来到皇帝面前,也不等吩咐,便一下跳上空中,想献他的拿手把戏。他的本领还不曾施出之时,忽的听到孙在背后猛然的大声的学一声鸭叫,唬的他在空中想把身子扭了过来——他的这种惊讶的表情与扭折的身体使皇帝看了哈哈大笑起来,说是比蝗虫的把戏还有趣些。

心满意足的皇帝把孙教给那些虫儿的耍戏一伴件的都看完了之后,他把心头石落的娱乐部大臣叫来面前,并且用了一种又像严厉又像温和的口声说:

"你,善司呵,人家都说是并不十分聪明也不十分伶俐,因此之故,如今说着话的我们想来问你关于一件事情的意思。我们问你,一个人还是把极其优良的人训练到高超的地步的时候面子上光荣呢,还是把程度低下卑贱的虫豸训练到这种地步的时候面子上光荣?"

小心的善司对于此疑问默然不答,因为他心中犹豫,皇上是不是要他回话的。从前有好多次,性喜自语的皇帝常常向人说话,这些话听来好像是问人其实并不是的,正如一个人有时说"这高不可攀的天幕不是极其蔚蓝吗,这云彩的着色不是极其美妙吗",但是当臣下对皇帝的话加以答复,如天之蔚蓝到何程度之类的话的时候,他们总是碰着极大的钉子,因此,以后人家听到皇帝问话之时,总是先揣摩出这话是要他回答的,才张口来。这一次的实情较以前尤为恼恍,于是十分谨慎的善司探取了那种较审慎而较决然的方法,默然不语,只是表示赞同的微笑,并且同时举起两手来表示自责。

"咦!"皇帝叫出,口气是不满于闪避的善司所采用的方法的样子,"一个心思敏锐的人来同一个只能与乞丐或低品的街夫来往的人相交接,是多么令人难堪的一件事情呀!"

"这种情形诚然是极其令人难堪的,威播遐迩之主呵。"善司这时完全明白了,他适才不语,并不会引起一种对他好的感觉。

"人家常常这样讲,"多礼清心的皇帝续说,他只是将身子的位置挪动,令适才言及的人不能再有仰视他的恩慈的颜容的殊宠,以示适才言及的所说的话是失言,令龙心不悦的,"说荣爵与禄位很当是不会顾及受它们的人的资格而授予了的。此种情形确实有过的,证据便是近几日来我们亲眼看见了一个从将为一十目所视的官吏的人的荒唐而溺职的行为。至于敏给而谦逊的称职之人则一经我们所发现便将为我们所褒奖的。我们适才正要讲的,但不料被人执拗的多事的把话头岔断了,便是要说,那个指导训练那些毫无心思的,并且常时是倔强而贪婪的,虫豸的人,若是受令来指导训练有心思的人类,一定是会更著功劾的。因此之故,除去我们面前的这人是无更妥当的人可以受任那重大而俸丰的'竞赛试验之管理大臣'的位置了——只要他的意见与言辞能满足我们的心怀。因此之故,可以叫孙衡现在站出来,自陈他的信条。"

孙受命之后,按照仪注所规定的前趋了若干步,他虽然不明白皇帝是教他说个什么,不过他觉着这时机是最适于陈说那日夜萦回于他心中的五常之道的了,于是他说道:"绝对的忠君——"才说到这里,适才言及的人便令他停下了。

"如适才所陈的那样得体而扼要的一信条已经将其他一切较小的信条包括在内,无须更说下去了,"他霁颜的说,"适才言及的禄位便此正式的授予。晚间将重新举行虫豸的盛会,并且张筵奏乐,以荣德行完美禄位高越的孙衡。过劳的善司无须赴此筵宴了。"

便是如此,孙的好运立下了根基,并且在若干时以后,他变成一个举国敬仰的人物了。他是一个好心而不忘本的人,所以有人特来问他是怎样升上了如此高禄的位置的时候,他总是毫不迟疑的直言,他所以能有此日,并非完全因为他能察人观物,而一部分是为了他能常遵五常之道，并且为了常将那普周与那怯懦的少年及其所杀之三虎的故事常放在心上的缘故。孙并将这故事用金字刻了出来，在他本村的通衢揭示着，垂惠后生，令他们遵了前人的阅历因之达到了高位。

——布拉玛

稳　　当

丁士先生花心中担着许多的惊恐,但他们都是从一个念头发源的。假如一天他做不了事,那时他要怎样？假如他病了,或是遇到了什么意外的事,或是他的主东忽然破产了,那时他要怎样？有时他半夜里醒转,慌得失声叫出,因为他适才梦见被加林公司找出不知一个什么错处把他革除了。如果他梦见被革是为了账目不清,他便一清早就起身慌张的赶去店内,将账簿仔细的查看一过,瞧可乱了没有,昨天的收支总结是否都对。有时他梦见被革是为了年老,在梦中他的主东带着惋惜的神气向他说,他们得另请一个年富力强的人。在这梦内,他们说,他是很忠于本店的,他们也不愿舍开他,不过生意场中竞争太烈,他们一点也不能放松。他们很抱歉,不能有养老金给他,但是请他收下二十金镑以表他们的敬意。他可以相信,他们是极望他将来多福的!

他做过这样梦醒来之时,总是一身的汗。他从床上跳起,跑去镜子前边,看可真有白发生出了。他怕害病,如同怕年老一样。假设他遭了意外之灾或是生了病,加林公司大概会续付给半年的薪金。从前店内有人害病之时,他们便是那种办法。但是设若丁士先生的病半年还不好呢?店中总不能再拿薪水给一个于他们毫无用处的人罢。那时,他的一点贮蓄便要渐渐的消耗了。如果消耗尽了呢!想到这里之时,他总是咽一口唾沫。但他最怕的还是:有朝一日,他忽的任性起来。有许多次,他会曾经热烈的愿望过,能尽兴的玩耍一番。这种念头普通在每季之末事务最忙的时候顶厉害。那时,他差不多每天到了晚间九十点钟还要在店内做事,有好多次,他正在账簿上画线或是核算,他猛的觉得心中有人怂恿他,叫他去做最荒唐的事情。那人说:"你为何不离开此处去快活呀?去戏院也好,乐馆也好,酒店也好,舞场也好!要做点活人的事才对呀!"这是多么糊涂的话。他要是真听从了,去玩,去喝醉了——哼,那才够受呢!加林先生最不喜欢人家喝酒的,他那时说不定正走过店前,看见他踉跄的走出,还以为他是一个酗酒惯了的人呢。就算加林先生没有看见，或者不曾与巡警闹出事来，第二天早上起来，他也一定要头痛的。那时，他说不定会偷懒多睡一刻，这样，他上办事房便要迟到了，签到簿上他的名字便要第一次被画红线了。就算他不迟到，他的事也要为了头痛之故不能像平常那样做的好，那样工作的快，那时加林先生准会看出的。这种事情加林先生是最在意的。尤其是他，平常并不像莫里孙那样常常迟到常常做错事情，而今天忽然如此，那是更易引起加林先生的注意的。谁叫你平常那么小心呢？你一大意，人家更觉稀奇。那时候加林先生会说："啊哈，丁士！怎么啦？错了！你！要是莫里孙，还可讲得，偏是你！你今早也不利落了？"他说不定要向二主东讲，"丁士老了，不很利落了。今早瞅倒他闹了一个笑话。"——那才可怕呢！

要是他们从了那番话，做出一种荒唐事来，结局大半是革除。讨饭袋——丁士先生把这一切都明白的指点与他肚里作怪的东西知道了，使它不必再讲那种无用的愚蠢的话来耸动他了，虽然如此，他还是不放心。他怕一天忽然把主宰的力量失去了。他记得从前有一次被它说迷了心，居然想起要娶一个本店中用作打字员的女子，蛮不错的女子，做妻子来。他一想到这件事，便觉心慌。他那次发了昏，竟至在办公的钟点内向她谈起与办公不很发生关系的事情。他记得有一天下午，两个主东一路步进办公房来，看见他站在戈丹女士的身旁。他想到这里,不觉打了一个寒噤。当时幸亏他能临机应变,连忙抓起一札账单来,假装作是向她解说的样子。然而也就够险的了。那次吓得他以后再也不敢在办公的时间向她说闲话了。一次,他请她吃点心,他们谈了很久关于店中一切的话。戈丹女士对于经商颇有一点智识,事务繁忙之时,她一直是情愿办公到很晚的。她的衣服是朴素的,然而优雅不俗——她的外表一径是素净无华的。从前店内另有一个女打字员穿衣最爱用刺眼的材料,上司向她说起时,她简直以恶声相报,她说她爱穿颜色鲜明的衣服,公司不愿意她的时候,尽可以预先通知她一礼拜!在城市中谋生,居然这样!并且丁士先生看见过她,亲眼看见过她,用粉扑的!在办公房里!戈丹女士却不那样:她是一个娴静的女子,整齐,本分,并不像一般女子的那样喜怒无常。她曾经邀他去过她的家里,见她的寡母,她们那天礼拜日的下午整整的和他谈公司的一切谈过去了。谈到无可再谈的时候,已经不早了,她们便留他晚饭。他答应了。又一次,是礼拜六,他问戈丹女士可情愿去看戏,她说情愿。他们便去同看一出叫作《伊我阑蒂》的戏,这戏,丁士先生觉得孩气,但是戈丹女士却喜欢。她说那个女主角好极,戏的本身也好极,只要看的人看惯仙人凡人混在一起就成。她说她很喜欢吉孛忒同索利文:这两个人,丁士先生后来知道了,便是作那戏本的。看来,这一类的戏他俩是写了许多的。戈丹女士曾经看过它们当中的不少出,

203

据她说是都好极。她的母亲也赞成她的话,不过她说她更喜欢看"正经"的戏。

日戏散后,他们出了沙法戏院,去点心铺。这铺在河岸街,一路上他们没讲什么话,因为丁士先生心中踌躇着怕用钱超过了他的预计。铺子外面看来好像要很昂贵似的,但是结算时,茶点价格并不像他猜想得那样高。无论如何,他终究不曾痛快过来。并不是他吝啬——不,一个人是不得不顾到后日的呀。看戏之时,他本来蛮想邀戈丹女士在一家小馆子去吃晚饭并且再邀她下次看戏的,不过他心中打算,点心尚且怕耗费,晚餐那是更谈不到,所以就把本意打消了。出了点心铺,送她上小火车站,便告别了。她说让他多破费了是十分谢谢的。

这一切他都记得很清楚。他回了家,他想一生都能这样与戈丹女士亲近着,不是天下最快活的事吗?真好,真安静,真本分。他记得很清楚,他回了寄住的人家上着楼梯的时候,觉到一种寂寞。这晦气的小屋,比起宏敞华丽的戏院来差得多远,那女房东做的淡味的稀薄的饭食,比起漂亮的点心铺来又差得多远。他肚里的怪物尽着向他说:"放胆做呀,怕什么,放胆做呀!"不知不觉的,他上了街,向了戈丹女士的家走去。他的手已经放在电铃上了,正要按的时候,头脑忽然清醒了过来,他自己说:"假如你掉了位置,或是害了病或是怎样,那时你有妻,还说不定有子,你怎么是好?"想到这里,他的手又放下来,他又转身躲去住的小屋了！

　　过此不久,戈丹女士便出了加林公司,以后一直不会与他相会过。他还记得临走的前几天,她每朝他看的时候,眼中总是疑问似的;他屡次的冲口的想说出,"别那样瞧我罢"。但是又吞回去了。她临行的那天,他握她的手,说再会,祝她在新店中前程顺遂。他记得,他那时向他注视了一刻,眼光中充满一种异样的疑问的神情,并且静立了一会,好像是等候他说一句什么话似的。后来她就走了。她的手在当时抖了起来,他极其担心怕她要哭。她要是真的哭了,公司一定是不高兴的。——他想她如今已嫁了人。也说不定是死了呢!

　　那正是他肚里的怪物一直怂恿着他做的事。莫里孙娶妻了,莫里孙却穷。丁士先生自然也穷,不过还没有穷到莫里孙那种地步,也不像莫里孙那样没有安稳的过过一天。他不是妻子病了,就是孩子中有一个病了,不是出了这件岔子,就是出了那件岔子。后来有一个孩子居然死了!他自然是很替莫里孙伤心的了,一方面他也自慰,还不会有这种灾祸临到他自己的头上。莫里孙当初实在是该多打算一点日后,不该这样早婚,生这么多孩子的。丁士先生每逢想到老年或灾难的时候,他常自觉,他说他就是要吃苦,也不会像莫里孙吃得那般大。一天,店内一个办事员,叫柯克(蛮好的一个小伙子,虽然性子躁些,喜欢说大话),他忽然把笔向账簿上一摔,口中狠狠的咒骂起来。他在干干净净的一面纸的当中涂上了一个墨渍。"这种日子我真过腻了。"他说。他在独脚的高腿凳子上扭过身子下来,从衣钉上取落帽子外衣,径自穿戴着走了。

"这还没到吃饭的时候呢!"丁士先生诧异的向他说。柯克答道:"我晓得,就是再也不到我也不在乎。我走了。我要去坎拿大,要去地狱,无论如何,我要离开这里就是了。记账我是记够了!"丁士先生劝他想一想日后,至少不要做事冒失。"你再仔细想一番。"他说,不过年轻的柯克太意气用事了。丁士先生就问他去坎拿大找事有把握没有,他的回答使他大吃一惊,说是没有。柯克在坎拿大是朋友既没有,把握也没有,指望也没有,什么都没有。"这你是疯了,"丁士先生说,"好好的稳位置——至少是比较稳的位置——你扔掉不要,却去那前途茫茫的坎拿大!"柯克一口咬定:"有时是要冒险的。"丁士先生说:"等你年老一些,就会明白这道理了。"接着年轻的柯克便说了一句很奇怪的话:"我知道,"他阴郁地说,"你们这班老头子。"——(老头子!这给丁士先生听了实在不高兴。)"你们这班老头子都这般说,其实你们年纪越老,胆子也越小,大道理你们才看不见呢!"丁士先生咀嚼这番古怪的言论的意味还不曾咀嚼完,年轻的柯克已经不知走去哪里了,直到加林先生叫柯克的时候,店中才知道发生了一件什么事。"柯克钻去了哪里呀?"加林先生涨红着脸问,因为他等了许久——一分钟不知是两分钟。丁士先生说:"我看他是去了坎拿大了,先生。""去了那里!"丁士先生把事情表白了一番。加林先生紧着问:"他的账目不错吗?"查看一番知道柯克并未卷去款项之后,他点点头说道:"荒唐鬼!扔掉一个稳当的好位置!……"丁士先生说:"是呀,我也这样劝他的!"几月之后,丁士先生接到柯克的信,说他现在很好了。"以前糟透,我几乎跌得爬不起来了,如今真是苦尽甘来。你为何不来?"丁士先生即时回了一信,将来信中的话一一答复无误。信尾说,他如今年纪这么大了,要是抛弃了一个比较稳当的位置,去陌生的国度图谋一个把握毫无的事情,未免太荒唐了。年轻的柯克凑巧成功了,不见得丁士先生也就一定要成功。并且柯克自己说过的,开首很吃了一番苦,要知道丁士先生是比柯克老得多呀!

　　日夜愁着要到的事终究到了。加林公司倒闭,丁士先生把位置丢了。原来加林先生是一个荒唐不过的人。大家都说他滥赌,还有许多关于下流戏场中下流女戏子的风说。丁士先生听到公司是怎样破了产的时候,要是加林先生在旁,简直会一巴掌打过去。试问这恶汉凭了什么,敢来拿丁士先生的生计开玩笑。这种人拿去下地狱才对!不过现在咒骂加林先生也晚了,并且加林先生在受检察之后已经自杀,就是咒骂得再厉害,他也听不到了。正经事,丁士先生倒是另谋别的位置要紧,并且越快越好:谢天地,他当时幸亏明白,不曾与戈丹女士结婚!他忙忙如丧家之狗般的从这家商店跑去那家谋位置,然而人家不是告诉他店中需用年轻的人,便是说已经雇定人了。晚上,他垂头丧气的回家,又累又饿,心中一直盘算着他的小贮蓄。他搬出原来的住房,在近城一带租屋安身,为的省些车钱。他计算着一礼拜只用一金镑,位置没有到手之时,他的存款能够支持多久,结果算出是一年半,一天也不能再多了。一年半!后来呢?这样便过了半年,他简直要疯了,事情是还没有找到。他决定了叫一礼拜的开销比一镑还要减些,便移居入一间租钱更低的房子。他找到了一个短期的事做,人家告诉他这是有改为长年的指望的:哪知不到一月,这指望成了空。他又谋到一个最苦的工作,替店家做录事,做了些时,一晚,他忽然在内部感到一种奇痛,使他心中充满了恐怖的去找医生。"要是我不当心自家的体子,那时简直连工都要做不动了,那我怎样好呢?"他去了医室,在外间坐下。等着他轮的次序。他无事,翻开桌上的一份旧的书报看,看到一张在非洲阴森的岩洞里发现的石笋石钟乳,他看不下去了。"看得不舒服的怪物件!"他正自语着,已经轮到他进去了。出来的时候,他满脸的笑容。唇边眼角的皱纹仿佛已经消减了。他一点不着急担忧了,他的心中安谧得很。他毫无畏缩的四顾,他向医生说再见的时候简直是兴头的样子。"倒很精神,这老头子!"医生在他出房关上了门的时候自忖着。"谢天，"丁士先生说，"呵，谢天，我到底性命稳了！"

三日之后，丁士先生死了。

——艾尔文

附录

朱湘传略及其作品

孙玉石

有的诗人,生命和他的创作道路一样,是那样短暂却又令人难以忘怀。就像夜空里一颗飞逝的流星,往往会在人们记忆的天幕中,闪烁出不易磨灭的光亮来。在中国现代文学星月交辉的历史中,仅仅活了二十九岁的朱湘,就是这样的一位青年诗人。

(一)

朱湘,一九〇四年出生于湖南沅陵县,字子沅。他祖籍原为湖北,后来转入安徽太湖县。父亲朱延熙,是清代光绪丙戌(一八八六)年的第二名翰林,被派往江西任学台。他的岳父也在那儿做过七年的盐运使。父亲官职虽不能算小,但为政清廉,留给后代的,除了几句遗教之外,只有两袖清风。朱湘三岁时母亲就去世了。他有四个哥哥,七个姊妹。他是家里男孩子中最小的一个。

朱湘自幼聪慧。六岁时便在家接受启蒙教育,后来又回太湖老家,由家里为他延师专教。十一岁时考入高小读书。此后又进过南京工业学校预科学习一年。那时候,正当五四文学革命蓬勃兴起,他深受《新青年》杂志的影响。后来他曾说,在当时的学校里,同学们很鲜明地分成了赞成的和反对的两派,读了《新青年》之后,"是刘半农的那篇《答王敬轩书》,把我完全赢到新文学这方面来了"。

一九一九年秋,朱湘考入了人才萃集的清华学校。当时他已经对新诗产生了浓厚的兴趣。从一九二二年起,他开始在《小说月报》等刊物上陆续发表新诗作品,还翻译了罗马尼亚民歌及英国诗人怀特、丁尼生、勃朗宁、雪莱和莎士比亚等人的作品。同时他加入了文学研究会,成为侪辈同学眼中颇有名气的诗人。他酷爱音乐和文学,加入过歌唱团,参加了闻一多、梁实秋等人组织的清华文学社。一九二二年夏天闻一多去美国以后,他同青年诗人饶孟侃(子离)、孙大雨(子潜)、杨世恩(子惠)交往甚密,蜚声校园,被称为"清华四子"。后来,因为他专攻文学,不愿意去上那些无味的必修课程,旷课逾了定章,被学校开除。他毫不返顾,于一九二三年冬毅然地离开了学校。稍后,他在写给朋友罗念生的信里说:"你问我为何要离清华,我可以简单回答一句:清华的生活是非人的,人生是奋斗,而清华只有钻分数;人生是变换,而清华只有单调;人生是热辣辣的,而清华是隔靴搔痒。我投身社会之后,怪现象虽然目击耳闻了许多,但这些正是真的人生。至于清华中最高尚的生活,都逃不出一个假,矫揉。"朱湘这种追求自由和率真,厌恶刻板和矫饰的狷介性格,和他向往"热辣辣"的"真的人生"的执着思想,还分明地留着五四时代思想潮流对一个青年精神影响的烙印。

一九二五年一月,朱湘出版了他的第一部诗集《夏天》。在这本薄薄的诗集的《自序》中,他踌躇满志地说自己"优游的生活既终,奋斗的生活开始"了。这以后的两年里,他以更加昂奋的激情进行新诗创作的实践和新诗批评的撰述。他两年后出版的走向成熟的《草莽集》中的作品,都是这个时候写成的。一九二六年四月,他应邀参与了徐志摩、闻一多等人创办《晨报副刊·诗镌》的活动,成为提倡新诗格律化的一员猛将。后来因为与徐志摩不合,中途他退出了。这个时期,为了维持生活,除了写作以外,他曾到上海一个大学代授英文课,还与饶孟侃一起,一度在北京适存中学教过书。这时候,他与诗友刘梦苇等人,有时泛舟北海,促膝谈诗;有时会聚一堂,吟唱新作。那种研讨艺术的热忱和珍视友情的温馨,颇有一些"热辣辣"的少年风发的气概。

诗人这时候对于生活和未来充满了天真的幻想。正像他在一首诗里唱的那样:"凭了这一支笔,我要呼唤玄妙的憧憬。"可是现实生活却开始打破他"相信诗人应当靠诗吃饭"的幻想。他没有找到走上"真的人生"的道路。他在给罗暟岚的信里写道:"我的前途满是荆棘,连我自己都不知道是什么结果呢!"但是,这只雏鹰没有就此垂下自己的翅膀。他在"荆棘"中寻找新的生路。这一年秋天,他为了重新获得出国深造的机会,经孙大雨、罗念生等朋友的帮忙,再入清华学校留美预备班学习。两年多的文学奋斗生活给他带来了更大的声誉。同学们以钦慕的心情欢迎他的到来。他与李健吾、柳无忌、罗念生、罗暟岚等人积极参加清华文学社的活动,在《清华文艺》这块新垦的文学园地上发表自己的作品。一九二七年一月,他还创办了专登自己的翻译和创作,自己出钱印刷,自己发行的不定期文艺刊物《新文》。只是因为经济关系,才出了两期便告夭折了。他这种热心文艺的精神是令人感动的。有的前辈至今还依稀记得,在幽静的清华园里,朱湘有时拿着他的刊物或诗作,轻轻地敲开一些宿舍的门,羞赧而谦敬地把它们送给自己的好友和同学。看到别人接受或阅读他用心血浇灌的作品,他是怎样的高兴啊!直到一年多以后他在给罗暟岚的信中还说:"作文章的人所得之趣味有时比看的人还浓。我记得从前印《新文》月刊,看到几大捆的书打开时,甚么都是自己出的主意,那一股滋味真是说不出的那样钻心。如今回想起来,仍旧是余味缕缕袅袅不尽。"

一九二七年七月,朱湘从清华学校毕业之后,匆匆来到上海。八月末便同柳无忌一起动身赴美国留学。九月初入威斯康辛州劳伦斯大学,选读英国文学、古英语、拉丁语、高级班法语等课程。强烈的民族自尊感和孤僻狷介的性格,使他又与这里的生活产生了新的矛盾。他把自己看成是一只"失群的孤雁",说"在外国越过越无味,……我现在简直同从前在清华时候一样,完全隔绝了人生"。因为法文教科书里把中国人叫作"猴子",他气愤地离开劳伦斯,于一九二八年一月初转入芝加哥大学。翌年三月,因为一名教授疑心他没有把借用的书归还，他不堪侮辱，又离开芝加哥转入俄亥俄大学。

这时朱湘的内心又燃起了希望与奋斗的火焰。他为我们民族的备受歧视，为中国社会现实的丑恶落后，感到"愤怒和羞惭"，决计回国后要"复活起古代的理想、人格、文化与美丽"；他在给罗念生的信里说："为中国鞠躬尽瘁，这是我们早已选定了的。至于由哪条路前进，那都是一样的。"在给赵景深的信中他又说："我在国外住得越久，越爱祖国，我不是爱群众，我爱的是中国的英豪，以及古代的圣贤豪杰。"这些表白既可以看出诗人爱国感情的真实流露，同时也反映出他的历史观点和思想体系的局限和偏颇。从这种思想出发，他打算写关于韩信、文天祥、孔丘的叙事诗。他还十分天真地设想，与几位同学一起，节省出一部分学费开支，回国后开办一个"作者书店"，以此"安定了一班文人的生活，使他们能更丰富更快乐地创作"。我们年轻的诗人，在遥远的异邦国土做着"天方夜谭"的好梦："要是我能成功，那生活就不愁了。生活不愁之时，便尽可向社会挑战。不，简直不必挑战，那时社会自己就会来向你摇尾了。"太多的天真往往会伴随着太大的失望。生活在幻想天国里的诗人，这时的思想已经种下了生命悲剧的根苗。

一九二九年九月十一日，朱湘为了家人的生活，放弃获得学位的机会，提前回了国。原准备应闻一多的邀请，去武汉大学任教；到上海后，经朋友推荐，又应聘到安徽大学，任英文文学系主任。教学之余，朱湘仍从事新诗创作和用英文译介中国诗歌的工作。他还热情支持学校文艺社团晓风社的活动，为他们办的刊物《沙漠》撰稿。他身为教授,开始生活还算优裕,但是由于经常欠薪,他的生活也日渐窘迫起来。一个孩子出世还不到一岁,便因为没有奶吃而活活饿死了。现实生活击碎了诗人的幻想。他感叹道:"文人生活实在是说不出的困难。……文坛上不仅为贫穷,并为不公道所盘踞。"他在美国时所向往的中国的"无羁无绊,自由自在的文人生活",在当时社会里只是海市蜃楼。

一九三二年朱湘到上海,约赵景深、戴望舒、方光焘一起到安徽大学任教,但学校当局不肯接受。后来,校方将"英文文学系"改成"英文学系",狷介耿直的诗人为这些事竟一气之下辞去了教职。此后一年半里,他在长沙、北平、天津、上海、杭州等地辗转漂泊,卖文为生。由于长期失业,文路不佳,生活窘困,又患了脑充血病,他精神十分颓伤和苦闷。去世前一月他在写给柳无忌的一封信里伤感地说:"若是一条路也没有,那时候,也便可以问心无愧了。"他在悲愤和失望中丧失了继续生活的勇气,于一九三三年十二月五日晨六时,在由上海开往南京去的"吉和轮"上,寂寞地投江自杀了。他身后很萧条,除留下妻子刘霓君和一子一女之外,是别无他物的。

朱湘曾经写过一首追怀屈原的十四行诗,其中有这样两句:"在你诞生的地方,呱呱我坠地。我是一片红叶,一条少舵的船。"在生活的风暴和激流中,朱湘确是一片飘零的红叶,一条没有舵的小舟。他有过很多美丽的梦。但终究无法摆脱凋落与沉没的结局。从憧憬自由到痛苦幻灭,从热烈奋斗到颓丧自沉,从自负气盛到自弃绝望,他艰难而又酸辛的一生,多少反映了旧中国这样一类耿介正直而孤僻软弱的知识分子悲剧的命运和道路。闻一多先生在哀悼信中说："子沉的末路实在太惨,谁知道他若继续活着不比死去更要痛苦呢!"讲的大约就是这个意思吧。

(二)

"不死也死了,是诗人的体魄;死了也不死,是诗人的诗。"诗人的畏友罗念生的这句感慨至深的话道出了一个真理:一个严肃的诗人艺术创造的成果往往比他的生命要悠长得多。滔滔的江水吞没了诗人朱湘年轻的生命,却无法泯灭他的那些用心血灌溉的诗篇。

朱湘十年的创作生涯,可以分为三个时期。

第一个时期,是一九二二年到一九二五年初《夏天》出版。这可以称为诗人创作的尝试期。朱湘说第一本诗集之所以命名《夏天》,是"取青春已过,入了成人期的意思"。那么在此之前创作的二十几首短诗,无论从思索问题的深度、艺术风格的特点来看,都可以视为诗人少年学步中所留下的点点屐痕。

在这些作品中,诗人能以清澈宁静的眼光、稚气无邪的心灵,来领会与观察人生和自然,虽然在技术上还没有完全跳出初期白话诗那种幼稚尝试的局限,但唯其有了这种天真与纤细、朴实与亲切的格调,才显出诗人自己的本色来。更何况其中有些诗篇,已经透露出作者艺术想象的才华和驾驭文字的能力。《废园》在单调的意象中造成了一种萧瑟的气氛,还带有较重的模仿痕迹。《春》中的种种感受和形象给人以蓬勃的生机和浓郁的愉快。《小河》是为当时人们赞许的一篇。诗人用轻快的调子与和谐的韵律,歌唱了自由母爱的美丽和温暖。自然诗中过分追求天真就不免有流于纤细的比拟,如"月姊""草妹""燕哥"等词。这是当时一些新诗幼稚的通病。

《夏天》的题材多是偏于个人的、内向的。除了赞颂描绘自然景物外,歌唱友情的温暖和离别的眷念,就是最突出的声音了。那首《寄一多基相》就是一例。诗人把自己比作在旷漠的原野中孤独挣扎的游子,是友谊给了他温暖的光:

　　你们的心是一间茅屋,
　　小窗中射出友谊的红光;
　　我的灵魂呵,火边歇下罢,
　　这正是你长眠的地方。

这种带着幼稚气味而又有出人意料的想象的诗句,使得被多少诗人唱得烂熟了的主题得到了新鲜的表现。从中我们听得见新诗前进的足音。

第二个时期,是一九二五年到一九二六年。这可以称为诗人创作的成熟期。包括了一九二四年年末到一九二六年四月间创作的《草莽集》,是新诗史上一个可喜的收获。它不仅深为诗人自己所珍爱,也一向被许多评论家认为是诗人创作走向成熟的标志。诗人说《草莽集》的问世,"这于作者自己,好像头一胎的儿子对于一个产妇,当然是一种欣悦"。沈从文在《论朱湘的诗》一文中也说:"《草莽集》才能代表作者在新诗一方面的成绩,于外形的完整与音调的柔和上,达到了一个为一般诗人所不及的高点。"

《草莽集》比起《夏天》来,作者生活的视野较为开阔了,题材也新鲜了。他少了一些天真和稚气,多了一些思索与深沉。不少的诗篇里透溢出他对人生世事略带不平辛酸的认识和愤怒。作者后来曾有这样的表白:"我作诗不说现在,就是从前也不是想造一座象牙之塔,即如《哭孙中山》《猫诰》《还乡》《王娇》,都是例子。不过年轻的时候,牵泥带水的免不了要写些绮辞,我因为这是内发展中一个必由的程级,也不可少,所以就由了它去。"属于后者的诗篇,有《热情》《答梦》《情歌》《采莲曲》《催妆曲》等。无论是爱情的"绮辞",还是人世的感慨,都能感到作者那颗热爱生活与忠于艺术的心在搏动。他的诗不是活在象牙之塔里,他的诗活在欢乐与痛苦相伴的真实的人生中。

二十世纪二十年代中叶,中国新诗出现了一股创造新格律诗的潮流。闻一多提出了新诗应该具备"音乐美,建筑美,绘画美"的理论,并献出了《死水》这一重要的实绩。徐志摩更多地用创作实践来推进这一潮流。《晨报副刊·诗镌》的出版聚会了在这条道上摸索的"旅伴"。朱湘就是在这条道上努力创造的"旅伴"之一。他实验格律诗态度之严肃、创造之勤勉、成绩之明显,在这个诗人群体里也是相当突出的。

《草莽集》中除了写于一九二四年十一月的一首《雨景》是无韵自由体诗之外,全部是格律诗。即使是一些只有几行的小诗,也很注意整齐和押韵。这些诗没有闻一多的深沉厚朴,不像徐志摩的潇洒飘逸,但也自有其引人注目的风采在的。这种风格特点,恰如沈从文概括的那样,《草莽集》的"全部调子建立于平静上面,整个的平静,在平静中观照一切,用旧词中属于平静的情绪中所产生的柔软的调子,写成他自己的诗歌,明丽而不纤细"。由于他注意学习西方诗整饬而又多变的格律体的长处,又勤于吸收古代词曲以及民谣鼓词讲究韵律节奏的特点,造成了一种既整齐多变,又悦耳动听的艺术效果。请读两首诗中的片断:

> 欢乐在我们的内心爆烈,
> 把我们炸成了一片轻尘,
> 看那像灿烂的陨星洒下,
> 半空中弥漫有花雨缤纷!
> ——《热情》
>
> 春天的花香真正醉人,
> 一阵阵温风拂上人身,
> 你瞧日光它移的多慢,
> 你听蜜蜂在窗子外哼:
> 　睡呀,宝宝,
> 　蜜蜂飞的真轻。
> ——《摇篮歌》

朱湘这首《摇篮歌》和另一首《采莲曲》,他曾多次为人们朗诵吟唱过。

据有人记述,曾在某一个文艺晚会上亲自听诗人朗诵他的《摇篮歌》,"其音节温柔飘忽,有说不出的甜美与和谐,你的灵魂在那弹簧似的音调上轻轻簸着摇着,也恍恍惚惚要飞入梦乡了。等他诵完之后,大家才从催眠状态中醒来,甚有打呵欠者。其音节之魅力可想而知"。朱湘还在一九二六年四月的《晨报副刊》上发表了一则广告《我的读诗会》,欢迎爱好文学的人们"来听一个孱弱的声音读他音节上的试验品"。可惜这个被称为"勇敢的试验"当时并没有实行。

叙事长诗是新诗初期相当荒寂的一个部门,特别是用格律体写长诗更是少见的。能够用整齐的形式与和谐的声韵来精心创作叙事长诗的,朱湘是较为突出的一个。这也是他创作成熟的另一个标志。诗人后来在给罗暟岚的信里说:"我是要用叙事诗(现在改成史事诗一名字)的体裁来称述华族民性的各相,我在《草莽集》中不过是开辟了草莽,种五谷的这件事还在后面呢。"其实诗人在新辟的"草莽"上培植的几株茁壮的树苗都可说是经心之作。《月游》写"我骑着流星"去会见月宫中"不老的嫦娥",在梦境的幻想中激起人们对生活中真实的美的追求,古老的神话题材在诗人笔下变得恣趣横生了。《还乡》描述了饥馑战乱的年代征人还乡后所见一家的惨剧,于一片宁静调子中蕴蓄着诗人关怀世事人生的热烈心境。《猫诰》是一首难得的谐谑讽刺诗。它以一个老猫对小猫严肃的"教子"为题材,对历史与现实人生的贪婪与卑怯进行了无情的嘲讽。辛辣的鞭挞寓于诙谐风趣的笔调之中。这种在当时新诗中尚很少见的写法,据作者自己说是受了外国"谐诗"体裁的影响。几首叙事诗中最长的是《王娇》,全诗有九百五十多行。

它是根据话本小说《王娇鸾百年长恨》的故事敷衍而成的。作者能用一支清秀明朗的笔,把一个平凡的故事演绎成美丽的诗篇;在叙事中更多优美的抒情,语言上也吸取了民间流传的弹词鼓书与古代词曲的营养,整齐而不板滞,押韵而多变换。诗人的这些尝试,确实是需要勇敢和才情的。朱湘说:"我是极愿意作长诗的,并且我深信我国国语最宜于作长诗。"朱湘的这些作品在新诗发展中具有拓荒的价值,应该得到我们的珍视。

第三个时期,是一九二七年到一九三三年。这可以称为诗人创作的开拓期。诗人死后于一九三六年出版的《永言集》里的诗,就写作时间与风格看,更接近《草莽集》。真正能体现这一时期的成绩和特色的,是诗人生前编就而于死后出版的《石门集》。据罗念生在一篇文章中说:"诗人生前很看重他的《石门集》,他屡屡在书信里提起他的得意处。"

朱湘是一个以作诗为生命的诗人。即使在生活处境不顺之时,他也没有忘记对诗神的呼唤:

> 我的诗神!我弃了世界,世界
> 也弃了我;在这紧急的关头,
> 你却没有冷,反而更亲热些。
> ——十四行英体之七

他说:"朱湘,我知道什么你都不顾,只有好诗你是垂涎的。"(《巴俚曲》)诗人对艺术的热忱更多于他对生活的思考。一九二七年以后,他就以这样的热忱,更加自觉地从外国诗歌中吸取艺术养分,对新诗的形式进行广泛地探索。他与戴望舒、杜衡、施蛰存相过从,他们谈论的法国象征派、美国意象派诗,引起了他的兴趣。在这种气氛下,他写了集子中仅有的类似意象派的两首诗《柳浪闻莺》和《雨》。在《草莽集》中,已经有了一首美丽的无韵体诗《雨景》。它以种种关于雨的新鲜意象和感觉,表现了诗人对美的追求和期待。但作者认为,这个尝试还"不是自觉的"。到了他留美时写的《洋》,才算是"在无韵体上第一次正式的试验"。这首诗气势宏阔,文笔纵横,在散文的句式中又求一种外形的整齐,欧化的毛病相当突出,其风格写法与《草莽集》迥异。诗人说他"本是主张中诗不宜作无韵体的,不过当时的情绪觉得除此外更无表现的方法,所以竟然也作了"。可见诗人创造运用一种新的诗歌形式,主要还是服从表现内容需要的。他引入并尝试了许多西洋诗体,如两行体、四行体、三叠令、回环调、巴俚曲、兜儿、意体与英体的十四行诗。而其中以十四行体写得最多。柳无忌说,除他的译诗和长篇叙事外,"他的七十余首十四行诗是他诗集中最有价值的一部分"。这些作品在韵脚运用、诗行的转合以及节奏的安排上,为了严守西洋诗体的规则,颇费推敲与斟酌,但不免许多地方偏于生硬艰涩,脱离了民族诗歌的传统和群众欣赏的习惯。可是,文学艺术发展的历史说明,民族的艺术传统和群众欣赏的习惯不是一成不变的。即如诗人自己说的:"外来思想并非不能融为己有——有时还极当融为己有。"关键恐怕是在能不能"融"了。不是生吞活剥生硬照搬,而是借鉴吸收独立创造,就是外来的东西也可以成为民族新文学的一部分。朱湘的十四行诗有艰涩粗糙之作,但也有不少感情明朗健康、艺术完整新鲜的好作品。这里不妨全文引录一首意体十四行诗:

> 这一颗种子,天用手指拿住;
> 除去扁圆而外更没有形象,
> 渺小,轻——一下抛落了在地上,
> 深棕色便吞进了深色的土……
> 土壤要是膏腴的,拿这微物
> 来培养,要是有春雨,有太阳,
> 它便会膨胀,会发育……那时光,
> 便是天的意旨,也不能拦阻!
> 有许多的伟大蕴藏在渺小。
> 五谷是神工,花儿肌理细腻,
> 喷出了浓香将人、蝶给醉迷,
> 树木纷披着亮晶晶的绿袍;
> 或是塔一般,它的株柯十抱
> 将生欲高举到天的视听里。

一颗轻而渺小的种子落进土里,有雨和阳光的哺育,便会长成五谷,长成鲜花,长成高举云天的大树。诗人将自己的眼光由带着浪漫色彩的题材,更多地转到生活中习以为常的普通事物。人们不大注意的一粒种子的生长,诗人从中挖掘了引人深思的哲理。全诗也讲究韵脚的严整。类似的偏于哲理性的诗,在七十余首十四行诗中并不是少见的。这些诗当然离民族化的要求很远。《草莽集》中由于作者过分拘守字数相等的外形整齐,想由此而形成一种"几何的美感",便不免出现一些削足适履的现象,被讥为"豆腐干诗"。这种情形,到了《石门集》的十四行诗中依然存在,而且又发展出了遣词断句方面生硬堆砌的毛病。新的艺术尝试往往会伴随着新的问题。这在朱湘的诗中也是同样存在的。

《石门集》里的诗,多的是纯属理智的思索,少的是扣动人心的热情。其中不乏一个受伤的心灵沉思的记录和失望的呼喊。如:

> 或者世上如其没有折磨,
> 诗人便唱不出他的新歌。
> ——十四行英体之二

> 有时我远望天边,
> 向希望之星挣扎而前;
> 　一路自欣自喜,
> 任欺人的想象幻出凡间
> 　所无有的美满……
> 　到了时,只闻恶鸟
> 在荒郊里笑我行路三千!
> ——《幸福》

他有时也唱春天的欢快,唱奋飞的雄心,但我们听到更多的还是在痛苦与失望的"折磨"中唱出的"新歌"。《草莽集》的那种平静的调子在《石门集》中已经很淡薄了。个人内心失望的痛苦和对社会人生的冷嘲讥刺,使得不少诗篇在说理的外衣下埋藏着穷愁潦倒的悲凉情调和愤世嫉俗的不平声音。

朱湘曾谈起过自己写诗的道路。他说:"我现在以学徒自视,《草莽集》是正式的第一步,近作是第二步,将来到了三十五或是四十,总可以有作主人的希望了。"在短短的十年中间,诗人的创作走过了一段值得纪念的路程。从幼稚的"夏天",踏过丛绿的"草莽",又跨进新辟的"石门",诗人的脚步是前进的、扎实的、创造的。正当他带着继续探索的精神向"作主人的希望"这一目标迈进的时候,这"希望"却随着江流卷进茫茫大海了。然而,他对新诗艺术可贵的探索精神和他的那些瑕瑜互见的诗篇一起,必将会作为一份值得重视的遗产留给今天和后世的人们。

(三)

读朱湘的诗,人们往往只注意其形式韵律探索的利弊、风格情调创造的得失,而忽略了他的诗歌对表现内在感情美和外在自然美的锤炼和追求。这一点,比起他的诗在形式和风格方面的成绩来,于我们今天的新诗艺术鉴赏和创作发展,有更多的启示价值和意义。

陈梦家在《新月诗选》序中说过:"朱湘诗,也是经过刻苦磨炼的。"这种磨炼,首先是他十分注意诗歌艺术形象选择的审美情趣。他以诗人的眼光去观照生活的一切,又像蜜蜂一样在缭乱繁杂的花丛中采撷出芳香与甜美的情思来。即使在他的少年之作《夏天》集子里面,我们也已经可以看得出这种特色。《迟耕》《春》,对自然美的感受是敏锐而轻快的。一幅幅自然美的生活图画呈现在人们的眼前。春天中各种充满生机的意象,在诗人的笔下凝聚了浓郁的诗意和哲理的余香。奔流于诗人笔底的小河更充满了美丽的想象。那"轻舟是桃色的游云,舟子是披蓑的小鱼"的诗句,想象新奇而优美。"我掀开雾织的白被,我披起红縠的衣裳,有时过一息轻风,纱衣玳帘般闪光",虽然不免稚嫩与天真,但在那缺乏艺术想象力的新诗初期,这种想象的果实仍会给人以带露般新鲜的美感。到了《草莽集》中,自然的无拘束的诗情被作者熔铸进整饬的形式中,却给我们一种新的诗情美的闪光。如《采莲曲》《催妆曲》《晓朝曲》《雌夜啼》这些历来为人们称道的诗篇,作者热爱生活的心境和捕捉艺术美的才能,被镶进了完整和谐的形式中。它们不是以一两个片断的名句打动感情,而是以完整优美的抒情形象和意境来激荡人心,引起你的共鸣和遐想。朱湘的诗少热烈的美而多宁静的美,即使是那首题为《热情》和被诗人认为感情表达得奔放恣肆的无韵体诗《洋》,也同样给人沉思凝想的感受更多于热烈沸腾的壮美。这是诗人审美情趣的特色,也是他创作上不够更为丰满的原因之一。

朱湘很清醒地说,他从来不是象牙之塔里唯美主义的诗人,但他却始终不倦地追求新诗的艺术美。这种美当然表现在各个方面。讲究构思的巧妙、意象的新奇、抒情意味的深远,就是其中突出的特点。

那首《当铺》写的是尽人皆知的生活哲理,诗人的构想却不同凡响:

"美"开了一家当铺,

　专收人的心;

到期人拿票去赎,

　它已经关门。

你在人生中追求美,得到的是失望和衰老。这个最普通的感喟让诗人通过人们意料不到而又十分熟识的想象表现出来,确实做到了"语语明白如画,而言外有无穷之意"。诗人陈梦家说这首诗"题材很难得",而把它收入《新月诗选》中,确是有眼光的。他的几首长诗,如《月游》《猫诰》《王娇》,篇制宏阔,却无臃肿与拖沓之感,也同他注意构想和剪裁分不开的。我们读朱湘的诗,不能仅仅为它表面的字句铿锵所陶醉,而要吸取借鉴更多的矿藏,原因就在于此。

　　诗歌要表现人们美的感情、情绪,必须要求诗人注意对生活和自然在人们心中唤起的感应进行敏锐地选择和提炼。生活和自然可以多方面地唤起人们美的感应,但不是所有这些感应都可以化成美的诗。这里有一个感情对生活的升华与提炼的问题。闻一多说的诗是被热烈的感情蒸发了的水汽的"凝结",恐怕就是这个意思。雨景,这是被多少诗人写得烂熟了的题材,可是在朱湘笔下的一首《雨景》,却全然不同了:

>我心爱的雨景也多着呀:
>春夜梦回时窗前的淅沥;
>急雨点打上蕉叶的声音;
>雾一般拂着人脸的雨丝;
>从电光中泼下来的雷雨——
>但将雨时的天气我最爱了。
>它虽然是灰色的却透明;
>它蕴着一种无声的期待。
>并且从云气中,不知哪里,
>飘来了一声清脆的鸟啼。

诗人对自然美和生活美广泛的兴味与追求,被他用隐蔽而又鲜明的多彩的意象表达出来了。既写了千姿百态的自然美,也象征着丰富多彩的生活美。既写出了现实生活中已经展现的种种美的景象,也写出了现实生活中尚未出现的令人向往期待的美。寂静的云气中飘来的一声"清脆的鸟啼",这多么令人神往而深思!自然美和生活美在作者的笔下融成了一片诗情美。类似这样的诗篇,在后来的《石门集》里,仍然不乏其例。如英体十四行"十二　草还没有绿过来但空中""十六　只是一镰刀的月亮带两颗星""十七　蛙声"、意体十四行"二六　如其有一天我不再作小鸟""四四　挽着自家的孩子在这春天",等等。只不过因为作者拘泥于诗体格律的限制,显得更多一些欧化、跳跃的感觉,而没有《雨景》这么完整舒畅罢了。

沈从文先生在评价《死水》的一篇论文中曾说："一首诗,告诉我们不是一个故事,一点感想,应当是一片霞,一团花,有各样的韵色与姿态,具各样香味,作各种变化,是那么细碎而又那么整个的美。"朱湘的诗当然不能与《死水》完全一样,其中有病态,有忧郁,有颓丧,有雕饰,有奢华,但在对艺术美的追求与锤炼这一点上,却与《死水》有相似之处。它给人的确是充满韵色与姿态的"一片霞,一团花"的光彩和芬芳。

(四)

朱湘以诗名世,但也写散文。他的散文作品从二十世纪二十年代初起就陆续在《小说月报》等刊物上发表了。他称散文是"一种有特色的新文学",把"创造一种新的白话"看成是"我们这班人的天职"。只是由于作品数量较少,且为诗名所掩盖,他的散文也就往往为人们所忽略了。

朱湘的散文并无宏阔的题材和高深的议论,多写自己的所见所闻,以日常平凡的事物涉笔成篇,因而大体形成了一种特色:自然朴实,无矫无饰,吐露胸臆,亲切感人。有些以描写和叙事见长,能于平淡中露出一种清秀气息,于质朴里蓄着某些哲理的光辉。如《打弹子》生动地记述了平凡的生活情景,有条不紊,真切自然,给人一种开阔眼界而又悦目怡心的情趣。《北海纪游》以轻松的笔调写出了风景的美丽清幽和友情的欢愉温暖,写景与抒情、赏物与论诗,结合得是很巧妙的。《梦苇的死》于细致的笔调和优美的回想中写出了悼念至友的深情。《迎神》写诗人过檀香山岛所见那里的人民迎神祭祀的情形，充满了异国的情调。

有些散文驰骋想象，谈天说地，纵论古今，在任意而谈中给人以广博的知识和欢快的趣味。《衙衙》《烟卷》《徒步旅行者》《日与月的神话》等，都有这种特色。有时又在任意而谈中引出发人思索的议论。那篇《书》即是一例。作者从书的纸张颜色、文字形状、字体风采、印章花样，一直谈到作书人的遭际和读书人的厄运，到最后作者才出人意料地说："咳！不如趁着眼睛还清朗，鬓发尚未成霜，多读一读'人生'这本书吧！"这种哲理的感慨就有一种特殊的分量和效果。

朱湘有些散文，篇幅很短，却能以诗人的想象和眼光写情状物，给作品带来了隽永的哲理和浓郁的诗情。《江行的晨暮》，描绘江南小城码头的秋暮和晨景，是一篇优美的散文诗。《咬菜根》更多一些活泼和机智。似乎讲的是"咬得菜根，百事可作"的茹苦含辛的精神，结尾却笔调一转："我宁可这六百种的菜根，种种都咬到，都不肯咬一咬那名扬四海的猪尾巴或那摇尾乞怜的狗尾，或是那长了疮脓血也不多的耗子尾巴。"作者很懂得民间曲艺中"抖包袱"的方法的精髓。这个出人意料的结尾表露了作者绝不趋炎附势屈事权贵的耿直不阿的品格。在朱湘的散文中，我们更清楚地看到了这位青年诗人的灵魂与个性。

明年，是朱湘投水离世五十周年了。读过诗人的全部作品，写罢这篇谫陋肤浅的文字，凭窗遥望，举目凝思，不禁怃然！眼前的"水木清华"早已焕然一新。祖国的大江南北又是一片春绿。诗人所垦植过的新诗的"草莽"上也正是百花竞放的季节。后来的人们是幸福者，也应当是更勇敢的开拓者。但愿诗人的这些创作实绩和探索的足音能够在更多人的心中激起一些怡悦与回响。这,或许正是诗人生前所期望的吧!

一九八二年三月记于北京大学蔚秀园